Sérgio Hingst

Um Ator de Cinema

Governador	Geraldo Alckmin
Secretário Chefe da Casa Civil	Arnaldo Madeira

	Imprensa Oficial do Estado de São Paulo
Diretor-presidente	Hubert Alquéres
Diretor Vice-presidente	Luiz Carlos Frigerio
Diretor Industrial	Teiji Tomioka
Diretora Financeira e Administrativa	Nodette Mameri Peano
Núcleo de Projetos Institucionais	Vera Lucia Wey

CULTURA Fundação Padre Anchieta	**Fundação Padre Anchieta**
Presidente	Marcos Mendonça
Projetos Especiais	Adélia Lombardi
Diretor de Programação	Rita Okamura

	Coleção Aplauso Perfil
Coordenador Geral	Rubens Ewald Filho
Coordenador Operacional e Pesquisa Iconográfica	Marcelo Pestana
Projeto Gráfico e Editoração	Carlos Cirne
Assistente operacional	Andressa Veronesi
Revisão Ortográfica	Sárvio Nogueira Holanda

Sérgio Hingst

Um Ator de Cinema

por Máximo Barro

São Paulo, 2005

Dados Internacionais de Catalogação na Publicação elaborado pela Biblioteca da Imprensa Oficial do Estado de São Paulo

Barro, Máximo

Sérgio Hingst : um ator de cinema / Máximo Barro. – São Paulo : Imprensa Oficial do Estado de São Paulo : Cultura – Fundação Padre Anchieta, 2005.

352p.: il. - (Coleção aplauso. Série perfil / coordenador geral Rubens Ewald Filho)

ISBN 85-7060-233-2 (obra completa) (Imprensa Oficial)
ISBN 85-7060-337-1 (Imprensa Oficial)

1. Atores e atrizes cinematográficos – Brasil – Crítica e interpretação. 2. Cinema – Brasil 3. Hingst, Sérgio, 1924-2004 – Biografia. I. Título. II. Série.

CDD 791.430 2

Foi feito o depósito legal na Biblioteca Nacional (Lei nº 1.825, de 20/12/1907).

Imprensa Oficial do Estado de São Paulo

Rua da Mooca, 1921 - Mooca
03103-902 - São Paulo - SP - Brasil
Tel.: (0xx11) 6099-9800
Fax: (0xx11) 6099-9674
www.imprensaoficial.com.br
e-mail: livros@imprensaoficial.com.br
SAC 0800-123401

Uma Apresentação

A visão de todos os filmes de Sérgio Hingst é primordial para determinar-se com exatidão a importância da sua participação no cinema nacional. Para muitos, esse fato fica restrito à memória dos maiores de sessenta anos que freqüentavam o cinema nacional nos anos 1950 a 1980. Infelizmente, podemos assistir hoje, com dificuldades, metade da obra de Sérgio. E voltamos a insistir, que se trata de um ator que, se somando suas pequenas e grandes participações, superariam a marca de 110 longa-metragens. Apenas Wilson Grey o suplanta em quantidade, aparecendo José Lewgoy em terceiro, bem abaixo de 50 filmes.

Também é curioso notar que geralmente trabalhava com as mesmas pessoas. Agrupando os trabalhos de Hingst, para os produtores que mais o solicitaram, Vera Cruz, Walter Khouri, Data Filme, Massaini, Rovai, Galante, Bajon e Mansur atingem mais de 50% da sua filmografia.

Porém, as preocupações para com a memória e preservação do cinema brasileiro andam tão precárias que impossibilitam qualquer aprofundamento. Apenas um quinto da obra centenária encontra-se na Cinemateca Brasileira, mas nem toda propícia à projeção. O tempo, a temperatura e umidade incompatíveis com a delicadeza da película, antes dela ser depositava na Cinemateca, seja ela em negativo ou positivo, produziram danos técnicos como perfurações fora de padrão, imagem descolando, perda do colorido. A Cinemateca trava a longos anos uma luta inglória com a falta de verbas. Apenas a boa vontade dos funcionários não supre as necessidades mínimas para o restauro. Mas, e apesar disso, foi lá que conseguimos assistir ao maior número de filmes, em 16 mm e vídeo.

Outros, que também ainda estão em condições de projeção, foram assistidos graças ao Canal Brasil, da Globosat, nos impróprios horários da madrugada. Poucos foram cedidos por produtores que os haviam transformado em vídeos.

É trágico, mas boa parte da sua filmografia desapareceu ou caminha célere para isso. Há produtores que, quando indagados, nem sabiam onde haviam depositado os negativos. A maioria conserva os originais em depósitos impróprios, construídos para abrigarem móveis, tapetes, pneus e trastes das suas casas. Quem não tem um sítio para isso, usa o do amigo. Parece que ignoram a Cinemateca. A continuar esta mentalidade, caso escrevam outra biografia de Sérgio na próxima década, apenas 50% do que hoje pode ser visto continuará existindo. Quando, finalmente, o produtor brasileiro se dará conta que ele é pai espiritual de obras e que seus filhos não podem ser transformados em meninos de rua?

Ironicamente, pode-se assistir a quase tudo em que Hingst participou nos anos 1950 e 1960. Dificuldades bem maiores teremos quando atingirmos os anos 1970. Dos anos 1980, metade do que ele filmou está perdido ou em início de decomposição, portanto, estamos correndo na contramão da história. Quanto mais velho, mais fácil de conservar. Sérgio pertenceu à geração que intermediou os que entravam no ofício da interpretação virgens de qualquer conhecimento prévio, aprendendo impostação de voz, interpretação, gestualização, posicionamento no palco, vendo e conversando com os colegas mais velhos ou, mais usualmente, errando.

A Escola de Arte Dramática, com todas as suas deficiências, abriu o campo para que os interessados subissem ao palco com maiores noções desses problemas. Nem sempre da forma mais adequada. O próprio Sérgio afirmava que a EAD não apresentava didaticamente o caminho para a construção do personagem. Isso era discutido à medida que se ensaiava. Ele só conheceu na intimidade o Método Stanislavsky quando acompanhava as aulas do Seminário de Cinema, em 1956, secretariando o curso. Grotowsky, Brecht e outros métodos, conheceu posteriormente.

Portanto, ele deve ser historicamente situado entre os que se autopreparavam, formando com Procópio, Jaime Costa, Itália Fausta, Mesquitinha e Dulcina, os que chegaram ao palco praticamente nos fins dos anos 1950, com sólidos conhecimentos teóricos sobre teatro e ampla formação de como interpretar.

Sérgio adicionava à sua fome de conhecimentos forte intuição. Ao deparar-se com Stanislavsky, imediatamente o aplicou, isso quando não era contratado e, com a tinta da assinatura ainda úmida, já filmava. Lia de tudo que encontrava sobre a vivência da época do personagem, abarcando do momento histórico ao linguajar. Se o personagem era atual, procurava aproximar-se desses grupos sociais como faria o sociólogo. Direcionado ou não, a resultante nunca era uma cópia servil ou caricatura do pesquisado, mas uma visão pessoal. Não sabemos se conheceu a posição que a estrela americana Bette Davis ainda pregava nos anos 1960: *eu não sofro as agruras do personagem, transfiguro-as,* mas, caso não a conhecesse, trabalhava a interpretação bem próxima a esse conceito. Carregava muito da mentalidade dos artistas do período barroco-rococó. Tudo que Haydn ou Mozart criaram era profissionalmente encarado com igual importância. O mesmo empenho eles depositavam tanto na sinfonia, missa e ópera comissionada pelo imperador ou cardeal para grandes recepções públicas, como nos trios direcionados para formação instrumental das mais estapafúrdias, compostas unicamente para serem tocadas e ouvidas no salão do burguês aquinhoado e suporte para a apoteose pessoal da sua desajeitada filha flautista, no dia do aniversário. Para todos os trabalhos empenhava-se da mesma maneira. Portava-se como o tipógrafo que se esmera igualmente, seja na edição de Proust ou Madame Delly.

Como Jofre Soares – ambos vivenciaram a mesma época, apenas numa área geográfica diferente - Sérgio foi obrigado a aceitar tudo que lhe ofereciam para não voltar ao fabrico das massas. Sorte melhor coube a José Lewgoy, com estudos de representação mais avançados, realizados no exterior, além de contar com a regularidade do salário que recebia na televisão, permitindo-lhe escolher os papéis cinematográficos que lhe agradassem. Sempre primou pela ética. Desde o período Vera Cruz, alguns de seus colegas de profissão tornaram-se material folclórico das equipes, que se divertiam com as malandragens de inclinar a cabeça para sombrearem e encobrirem o rosto do outro ou, ainda pior, quando de costas, como referência, faziam caretas para perturbar a interpretação do colega. Sempre será lembrado pela maneira carinhosa de auxiliar a todos. Oferecia-se para dar os diálogos fora de campo nas coberturas. Na última revisão, retiramos deste trabalho um texto de sua autoria, para não suscetibilizar alguns diretores e produtores, onde censurava o descaso artístico quando mandam assistentes, anotadoras e até eletricistas lerem os textos fora de campo.

Este trabalho encontrava-se finalizado, quando fomos avisados, na tarde do dia 7 de novembro de 2004, de sua morte, vítima de parada cardíaca. Nos últimos anos, Sérgio insistia em não se medicar da asma que o debilitava há anos. Os médicos todos eram concordes em exigir que

abandonasse o ar altamente poluído da capital de São Paulo, porém, desleixava-se, conscientemente, até mesmo dos remédios.
Em conseqüência, por vezes, baixou a UTI duas vezes num mês. Por fim, quando os membros inferiores começaram a paralisar-se, aceitou ser internado. Os últimos dois anos foram traumáticos, obrigando-o ao deslocamento em cadeira de rodas ou nos braços de enfermeiros. Aos poucos, estava perdendo a lucidez.

Divorciado de Sara Célia, deixou um casal de filhos. Bruno é professor universitário na Fundação Cásper Líbero e Alexandra é atriz e professora especializada no ensino de teatro para crianças, atualmente estabelecida em Londres.

Máximo Barro

Capítulo I

Um Pouco de História

As origens de Sérgio Hingst são precisas porque são inteiramente documentadas. Seu avô, o alemão Johann Frederich Hingst, nasceu a 1° de abril de 1843, na cidade de Bargfeldt, na então Província de Holstein, atualmente Schleswig Holstein, localizada no extremo norte da Alemanha, fronteiriça à Dinamarca. No ano 800, Holstein era capital da Dinamarca, entreposto comercial de alto valor estratégico porque sua situação geográfica, lembrando um promontório, permitia negociar intimamente tanto pelo lado oeste com os povos servidos pelo Mar do Norte como pelo leste com a Rússia, Polônia, Letônia, Lituânia, Estônia, Finlândia e Suécia. Pelo sul era fornecedora importante da Alemanha e Europa Central.

A parte aventureira dos dinamarqueses marítimos daquele momento, os vikings, já havia in-

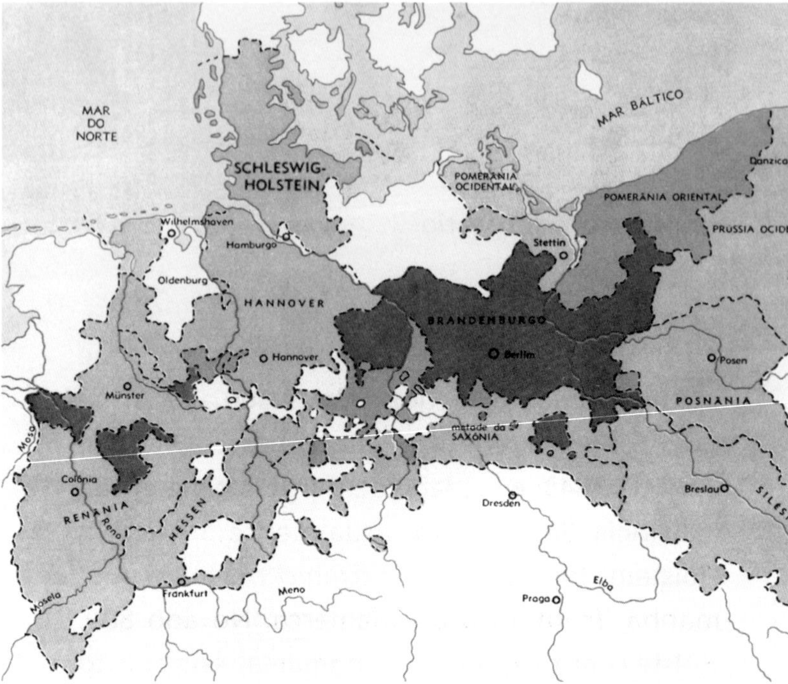

Região na Alemanha onde se originou a família Hingst

vadido e plantado entrepostos comerciais na região das três grandes ilhas hoje conhecidas como Inglaterra, Irlanda e Islândia. Quando os habitantes locais se cristalizam etnicamente expulsando os vikings, a cobiça inverteu a direção.

Pelo leste, outros povos também visavam apoderar-se das riquezas que a Dinamarca ostentava orgulhosamente. A Suécia e a Rússia pactuaram-se para desarticular o país, conseguindo levá-lo praticamente à insolvência, a ponto de cederem a área da Noruega para a Suécia.

Historicamente, no final dos anos 1.100, as tribos prussianas eram temidas por sua rebeldia e aguerrimento. Em conseqüência dos problemas que sofria com as constantes incursões de bandos rebeldes, saqueando toda a área limítrofe, o imperador da católica Polônia propõe à catolicíssima Ordem Teutônica, que submetam *in totum* os selvagens prussianos, cristianizando-os para que, após a morte, gozassem do reino eterno.

A Ordem Teutônica, fundada na invocação de Nossa Senhora dos Alemães, aproximadamente em 1128, em Jerusalém, portanto, no auge do misticismo gótico, formalizou-se em 1190, no papado de Celestino III, acolhendo com zelo especial os componentes da nobreza aristocrática e deles exigindo voto de pobreza, castidade e obediência, pouco importando se a procedência fosse religiosa ou laica.

A época, exaltadamente teocrática, era propícia a estes derrames de submissão e devotamento exacerbados que permearam, por exemplo, o contemporâneo Francisco de Assis.

Quando o cristianismo perdeu o porto de Ptolomais - batizada de São João do Acre pelos templários de Ricardo Coração de Leão - para os muçulmanos do vice-rei do Egito, Ibraim - Paxá, a Ordem foi transferida, por breve tempo, para Veneza e demoradamente para Mariemburgo, na Polônia, Konisberg, na Prússia e finalmente Alemanha, deixando claro o quanto eram germanizadas. Secularizada em 1805, perdurou com algum ardor na Áustria, Bélgica e Holanda.

Os Cavaleiros Teutônicos começam sua missão de colonização teológica a partir dos limites poloneses, submetendo primeiramente o que hoje seria a região de Brandemburgo e Berlim. Avançando mais, submeteram a atual Saxônia e Renânia. Para o sul formaram a Bavária e para o norte, que é o que realmente nos interessa, Hamburgo, Lubeck e, principalmente, Schleswig, no portal divisório com os vikings da Dinamarca.

A mistura dos templários de religiosidade fanática com as tribos pagãs prussianas amalgamaram com o passar dos séculos a Prússia que, mais tarde, com a França e Inglaterra, ditariam a história da Europa nos séculos XVII, XVIII e XIX, atravessando parte do século XX, até ser extinta em 1947, em conseqüência da derrota alemã na Segunda Guerra Mundial.

Politicamente, apesar dos problemas bélicos e econômicos, o ducado dinamarquês do Schleswig continuou fiel ao monarca dinamarquês a ponto de, em 1460, ambos terem-se tornado propriedade pessoal do rei da Dinamarca. O Holstein, elevado a ducado em 1474, foi membro do Sacro Império Romano e, depois de 1817, da Confederação Germânica, ao passo que o Scheleswig ostensivamente sempre relutou, não se submetendo à jurisdição germânica. As tentativas feitas a partir de 1846 pela Dinamarca para anexar os dois ducados conduziram os interesses dos paises limítrofes aos usuais conflitos de fronteiras europeus, desta vez sublinhada pelo adequado nome de Guerra dos Ducados, em 1864, com participação de Bismark.

Pela cronologia das datas percebe-se que Johann Hingst, nascido em 1843, desde a infância acompanhou, por vezes na pele e em outras, a distância, os acontecimentos políticos e bélicos pela anexação e posse das duas cidades. Contando 21 anos poderia até ter participado ativamente em algumas dessas disputas, mas em 1863 imigra para o Brasil.

As pretensões dinamarquesas foram vencidas pelos exércitos da aliança austro-prussiana e, em decorrência, forçada a abrir mão de Schleswig, Holstein e mais Lauenburg. Porém, logo mais, um desacordo entre os vencedores a respeito da admissão dos ducados, onde a disputa religiosa entre protestantes e católicos não deve ter ficado de fora, provocaria outra guerra de fronteiras, a austro-prussiana, em 1866. Vitoriosa, a Prússia anexou o conjunto dos territórios e com os demais constituiu a Schleswing-Holstein em 1867, que foi submetida a intensa germanização. O estrategista e belicoso Bismark, respondendo aos anseios ultranacionalistas da maioria prussiana, em 1871, consegue, *não com discursos, mas a ferro e fogo* - como ele gostava de pregar, dominar uns e, pelo menos, atemorizar os demais países fronteiriços: Áustria, Suíça, República Checa, Bélgica, Holanda, Polônia e Rússia. Estava consolidado o 2º Reich, o Estado que responderia, depois de tantos séculos de tentativas, pelo nome de Alemanha.

Antes, porém, outra grande modificação aconteceria no mesmo momento que Cabral desembarcou em Porto Seguro: Lutero fomentaria o cisma religioso voltando-se contra o papado. Todo o norte da Prússia adere à Reforma enquanto o sul, por influência da Áustria, continuará sob a órbita do Vaticano, norma que vigora ainda hoje.

Johann Frederich Hingst foi um dos inúmeros habitantes daquela região que sofreu com os trâmites da fronteira norte. Em todas as pesquisas que Sérgio Hingst envidou em consulados e embaixadas procurando o histórico de sua família, anterior ao avô, a resposta era sempre igual: *Hingst é sobrenome de origem dinamarquesa*. Mas, desprezando a ramificação sangüínea, Johann optou politicamente pelo germanismo, dentro e fora do país, a ponto de conservar um retrato do Kaiser Frederico II, o Grande, na sala de visita.

Seu pai atendia pelo nome de Joaquim Christhian Hingst e a mãe, Catarina Margarida Hout, ambos professando o protestantismo, no qual Johann viveria toda a infância, juventude e parte da maioridade.

Em 1863, aos vinte anos de idade, a situação social e econômica da região, violentada por tantas guerras, seguidas dos seus corolários naturais, fome e doenças, era pouco encorajadora para jovens oleiros, ainda mais se ambiciosos. Ele, portanto, imigra para o Brasil antes do histórico período em que receberíamos levas imensas e indiscriminadas de italianos, portugueses e espanhóis. Desembarca em Santos, ali se fixando, dado o reclamo de trabalhadores ligados à construção de imóveis. Outra especialidade onde pôde prestar serviços foi a São Paulo Railway, ligando São Paulo a Santos, ainda em construção, também ali deixando seus conhecimentos de ofício ligados ao revestimento interno dos túneis. Em dezembro de 1865, é encontrado, por breve tempo, nas regiões alemãs de Santa Catarina, no Vale do Itajaí, principalmente Joinvile e São Francisco.

O espírito aventureiro e fogoso o traz de volta a São Paulo, desta vez em Ipanema. Adolfo Friolli, amigo e historiador dedicado, informa que desde a chegada da família real, D. João VI tentava a implantação da metalurgia com a fundação do Estabelecimento Montanistico das Minas de Ferro de Sorocaba, em 4 de dezembro de 1810, junto ao morro do Araçoiaba. O então jovem Hingst deve ter voltado a São Paulo atraído pela correspondência trocada entre os colegas alemães, acontecimento normal no âmbito das colônias imigratórias, porque o agrupamento de pessoas que falassem o mesmo idioma, formados na mesma filosofia de vida, abrigando-se entre si, como praticavam os peregrinos das primeiras cruzadas, propiciaria maiores possibilidades de defesa e prosperidade. Explicável, portanto, que depois de Santa Catarina se dirigisse a Ipanema, onde, também, vigorava o prussianismo.

O historiador Aluisio de Almeida com muita razão afirma que o também alemão Frederico Luiz Guylherme Varnhagen, segundo diretor e primeiro construtor da fundição em altos-fornos do Ipanema, teve seu triunfo quando, no memorável dia 1° de novembro do ano de 1818, um dos fornos entrou a produzir festivamente. Do primeiro ferro fundiram-se três cruzes, que estão, uma na estrada de Sorocaba, outra na Fábrica e a terceira no alto do morro.

Aos que não compreendem, com muita razão, por que a corte portuguesa norteou seu interesse metalúrgico para São Paulo, quando o racional seria direcioná-la para Minas Gerais, novamente Aluisio de Almeida explica que, naquele momento, a corte orientava-se mais pela cronologia dos decretos, do que pela pertinência econômica que eles teriam no momento de implantá-los. Como a metalurgia era assunto de Estado, desde o início do século XVII, erradamente a preferência ficou com São Paulo que, como veremos, antecedera suas descobertas em metais.

Por isso, o ministro plenipotenciário português na Suécia acordou, em 1810, com o técnico Carlos Gustavo Heldeberg, oriundo e vassalo sueco, na prestação dos seus serviços no Araçoiaba. A indústria depois recebeu os nomes de Real e Imperial Fábrica de Ferro de São João do Ipanema, nome este, que passou depois à Fazenda e a atual Floresta Nacional.

O patriarca do ramal dos Hingst brasileiros era ainda criança, quando os franceses Naterrer e Saint-Hilaire já haviam visitado Ipanema e, certamente, enviando para a corte francesa, informações pormenorizadas.

Sabemos que era considerável o número de prussianos que obrigatoriamente faziam romaria a Ipanema, para visitar e levar notícias da fabricação de ferro a uma Europa sedenta do material.

Quando certos historiadores brasileiros - Gustavo Barroso à frente - lançam a hipótese de que além de cientistas eram, também, espiões, compulsando dados secretos para os respectivos países como Spix, Martius, Daniel Muller, o barão Escheweg e outros germânicos, a premissa não pode ser ignorada. Basta uma leitura, mesmo a vôo de pássaro, dos relatórios de todo o segundo escalão administrador da fábrica, para elucidar que, quando o sobrenome não é sueco, é decididamente alemão: Schmidt, Struber, Strombeck, Hultgren, Holm, Streiber, Lyinch, Utsch.

Como a história normalmente foi escrita pela raça branca, principalmente se invasora, a história de Sorocaba é contada a partir de 1590, quando brancos e mamelucos ali chegaram, atraídos por falsas notícias de ouro em abundância. O que encontraram foi ínfimo em metais preciosos, mas, para surpresa deles, o morro de Araçoiaba era rico em ferro, a ponto de a coroa enviar Afonso Sardinha, pai e filho, domiciliados no que hoje denominamos de Casa do Bandeirante, no Butantã, próxima à Universidade de São Paulo, para explorá-lo. A fase extrativa do minério - e sua transformação em ferro - praticamente não saiu dos ensaios. Para os portugueses, tornara-se mais atrativo continuar no encalço de ouro e prata, que não demandavam tanta tecnologia e alcançavam altos preços.

O lugarejo não descambou totalmente porque se tornou passagem obrigatória das bandeiras que se dirigiam ao sul, em outro empreendimento de alta rentabilidade, o apresamento de silvícolas.

Em 1654, o bandeirante Balthazar Fernandes foi premiado por seus serviços à coroa, com uma sesmaria em Sorocaba, formando casa grande na foz do córrego do Lajeado com o rio Sorocaba. Em 1661, o local já ostentava uma população fixa de mil habitantes, sendo elevada pelos esforços de Balthazar à categoria de vila sob a invocação de Nossa Senhora de Montesserrate.

Em 1695, a vila duplicava para 2.000 moradores, novamente duplicando em 1747. Em 1780, teremos o primeiro recenseamento oficial, resultando 6.614 habitantes. Em 1810, chegava a 10.180, aumentando em 1835, para 11.133 e quatro anos depois, 11.481. Ressalve-se que algumas cidades, hoje independentes, como Araçoiaba da Serra, eram computadas como Sorocaba.

Aos poucos, os novos tempos impuseram fim ao nomadismo paulista da caça a tribos longínquas, ampliadas pelo ceticismo do fracasso de sucessivas bandeiras exploratórias de metais preciosos, transmudando os descendentes do bandeirismo deslocativo e audaz, em latifundiários sedentários. A partir de 1700, a cidade modifica seu perfil econômico, tornando-se notável pela venda de muares e gado proveniente do sul, para as minas das Gerais, geradora das famosas Feiras de Sorocaba. A implantação da Fábrica de Ferro do Ipanema, sincroniza-a com os novos tempos. Apesar dos pagamentos da corte portuguesa saldarem-se nas datas acordadas com Carlos Gustavo Heldemberg, a chegada dos técnicos tardava, e por fim, quando desembarcaram no Rio de Janeiro, vinham desfalcados, originando um neologismo maldoso: suecada. A missão deles resultou de pouquíssimo aproveitamento, ficando as responsabilidades para o novo enviado, o alemão já citado, Frederico Luiz Guilherme Varnhagen, pai do futuro Visconde de Porto Seguro. Ele emprega técnicos alemães, todos capacitados, construindo o alto-forno que permite a corrida inaugural do minério a 1 de novembro de 1818.

A Fábrica de Ipanema vai conhecer momentos áureos misturados com falhas e descontentamento. Mantê-la correspondia a um alto dispêndio para o governo português, pouco rendendo em troca. Com a Independência, em 1822, o processo degringolou por completo, porque D. Pedro I não se identificava com a metalurgia. Muitos anos transcorreram para que seu filho, o humanista D. Pedro II, vislumbrasse o significado de Ipanema para os novos tempos impostos pela Revolução Industrial.

Diferentemente do pai, Pedro II visitou a Fábrica oficialmente por cinco vezes, em 1846, 1875, 1878, 1884 e 1886. Da última delas, o primogênito dos Hingst brasileiros, Alberto, nascido a 26 de julho de 1875, gostava de reprisar para sobrinhos, cunhadas e primos um acontecimento inusitado. O Imperador assoma o espaço arredondado do último vagão do trem especial que o conduzira até Ipanema e, com os braços estendidos proclamou: *Meninos, quereis conhecer uma personalidade ilustre! Eis-me aqui!*

Sob muitos aspectos sempre colocamos os imigrantes latinos em relevância como desencadeadores da nossa economia, esquecidos que alemães e ingleses, apesar de quantitativamente minoritários, de certa maneira, exerciam poderes maiores controlando grandes corporações como a Light and Power, manobrando a eletricidade e transportes, e os alemães, na indústria mecânica. O processo estendia-se ainda às artes, pois se o Teatro Municipal fora concebido por italianos, a Catedral da Sé, o antigo Teatro Sant'Anna e as residências dos barões quatrocentões nos Campos Elíseos, foram obras de alemães.

A 8 de junho de 1819, escrevia Varnhagen, elaborador da planta da siderúrgica e 2º administrador a partir de 1815: *Chegou a esta Fábrica o secretário da Legação da Prússia no Rio, barão de Holfers, e o naturalista de Sua Majestade, o doutor Sellow, com Luller. Estes dois saíram do Rio em agosto do ano passado e se demoraram em viagem, na capitania de Minas Gerais e a maior parte em Vila Rica. São moços sábios, de menos de trinta anos. O Barão é de Munster, Westfalia e ali cônego leigo. Traziam recomendação de Sua Majestade e recomendação do conde de Fleming, enviados da Prússia no Rio.*

Tudo leva a crer que a formação oleira de Johann complementava-se com a especialização de refratários, extremamente importantes para o revestimento interno dos altos-fornos. Ao chegar a Ipanema, passando por Sorocaba, onde futuramente iria participar ativamente do seu histórico, Hingst deve tê-la comparado com as conhecidas cidadezinhas prussianas da sua infância e juventude, que sideravam ao redor das maiores.

A 5 de fevereiro de 1842, Sorocaba é elevada à categoria de cidade contando, no ano de 1857, com 11.359 habitantes. Em 1872, foi elaborado um cuidadoso recenseamento municipal, obtendo-se o número de 12.859, distribuídos em 12.258 brasileiros, 110 portugueses, 49 alemães, 21 prussianos e outras nacionalidades com menor expressão.

Em 1852, a cidade participava da primeira tentativa industrial, além da siderurgia, com a implantação de uma tecelagem que não prosperou e de uma fábrica de chapéus. Em 1870, uma segunda, também de chapéus e em 1873, uma vinícola. Em 1882, mais tecelagem, e no ano seguinte, a chegada de Francisco Matarazzo com a fábrica de banha. Com 27 anos, Johann Hingst conheceu a jovem Izabel Papst, nascida na Fábrica do Ipanema, a 25 de abril de 1853, mas de descendência alemã. Eram seus pais João Papst e Mariana Antonia. Com a jovem de 17 anos casa-se em dezembro de 1870.

Os problemas religiosos europeus que relatamos em conseqüência do cisma luterano continuariam no Brasil, porque a família da noiva professava o catolicismo, motivo pelo qual o noivo é obrigado a jurar e subscrever um documento concedendo liberdade para que a esposa professasse livremente a religião católica e os filhos do casal educados nela, o que realmente aconteceu, chegando a irmã de Sérgio, Clara, a tomar hábito de freira. Descrito normalmente como portador da conhecida rigorosidade prussiana, em outras ocasiões, certamente já se adaptando peculiaridades acomodatícias da sociedade brasileira, levaram-no a posições democráticas como proclamar *que aos*

18 anos cada qual podia optar pela religião que bem entendesse. Em conseqüência dessa abertura, até o espiritismo foi praticado na família. Antes, ou nos primeiros momentos do matrimônio, Johann mais uma vez aventura-se, se bem que fugazmente, na próspera área cafeeira de Tietê, mas o retorno a Ipanema é imediato. Nesse momento a empresa era administrada pelo capitão engenheiro Joaquim de Souza Mursa, alcançando provavelmente seu ápice, competindo seus produtos na Europa, importando maquinaria, favorecida pela implantação da Estrada de Ferro Sorocabana que transportaria todo material sem os entraves dos carroções puxados por mulas, assim favorecendo a conclusão de uma obra gigante para a época, um alto-forno de doze metros de altura. Em 1889, início da fase republicana, e com a saída de Joaquim Mursa, convocado para ocupar altos cargos na administração do Estado, começa o colapso de Ipanema. O ciganismo do velho Hingst é compreensível, se tomarmos em conta que aquela geração procurava afirmação pessoal através de bens materiais.

O vienense Luiz Matheus Maylasky tornar-se-ia lenda na cidade. Surgira em 1865, tangendo tropa de burro. Em conversa com o frade que lhe dera pousada, revela-se mecânico. No dia seguinte, conserta máquinas de arar. Abandona o nomadismo da tropa de burros e fixa-se como dono de um estabelecimento que bem poderia ser a sinopse de shopping moderno, vendendo de pão a prego. Casa-se e logo depois amplia o leque de opções, vendendo máquinas agrícolas, principalmente para o cultivo de algodão, plantado em larga escala na cidade. Nos terrenos do sogro, começa ele próprio a plantar. Dois anos depois, tornou-se líder social, econômico e intelectual. Formou o Gabinete de Leitura Sorocabano, aberto a todos, diferentemente do Club Germânia, que acolhia apenas alemães, outro viés que vem da conta do quanto os alemães eram importantes em Sorocaba.

Em 1870, ganhara tamanha respeitabilidade na cidade que foi o propulsor da fundação da Estrada de Ferro Sorocabana, e em seguida, seu primeiro presidente.

Portanto, o imigrante Hingst teria variados personagens para lhe servirem de roteiro.

O casal é prolífero e a família aumenta com regularidade cronométrica: Leopoldina em 1871, Julio em 73, Alberto em 75, Eduardo em 77, Ricardina em 79, Gustavo em 80, Maria Augusta em 85 e Matilda em 87, todos nascidos no período de Ipanema. Em agosto do mesmo ano, retorna à Alemanha para reaver alguns bens que havia herdado, mas a irmã mais velha já os havia repartido entre irmãos e sobrinhos.

A volta brasileira vem acompanhada de novas aventuras. Deixa a olaria que tinha em companhia do concunhado Jacob Bathe e dirigindo-se a Sorocaba, adquire a chácara Bela Vista.

O documento de compra e venda, materializado em seis páginas e meia, manuscritas, no dia 16 de agosto de 1893, aclara com as idas e vindas informativas típicas dos documentos daquele momento, que João Hingst e sua mulher estão adquirindo de Antonio Nascimento e sua mulher, a Chácara Bela Vista, localizada na Árvore Grande. O preço estipulado é de 14:000$000 (catorze contos de reis) e abrange *pela frente com a estrada de Itu até chegar ao córrego da Bela Vista e por este abaixo até dar na via férrea da Sorocabana. Por este acima segue até chegar ao valo que divide os terrenos de João de Oliveira Guimarães e por este valo acima segue até sair na mesma estrada de Itu que serviu de ponto de partida. Pagar no prazo de oito meses a contar da presente data em duas prestações, sendo a primeira até o dia dezesseis de novembro do corrente ano a quantia de 4 contos de réis e a segunda no dia dezesseis de abril do ano futuro na quantia de dez contos de réis...*

Transposta para os dias atuais as informações do contrato, corresponderiam a uma reta que, saindo do entroncamento da Rua Padre Lessa com a Av. São Paulo terminasse no Rio Sorocaba. Continuaria contornando o traçado do rio até chegar nas proximidades das Ruas Professor Jorge M. Beti e Augusto Carmo. Desse ponto, em linha reta, até atingir a Av. Sadrac de Arruda, descendo pela Av. São Paulo até atingir novamente a Rua Padre Lessa. A área adquirida pelo oleiro Hingst hoje nos parece enorme, mas era normal para as proporções da época, quando a terra era um bem de pouca significância. Importante para o velho Hingst era curva, margeando o Rio Sorocaba, da atual Padre Lessa, até as proximidades da Jorge Betti com Augusto Carmo, de onde extrairia a matéria-prima para o fabrico de telhas e tijolos.

Pela nomenclatura da época, a área comportava 27 alqueires. Equivalendo o alqueire paulista a 24.200 metros quadrados, a chácara Bela Vista comportaria pouco mais de 650.000 metros quadrados, maior que os 16.657 metros quadrados do ducado Schleswig onde nasceu.

A situação econômica da família pode ser avaliada se soubermos que a compra só foi possível quando Hingst levantou um empréstimo. Segundo alguns familiares, sua viagem à Prússia era exatamente para receber a parte que lhe cabia na herança familiar e pagar a hipoteca.

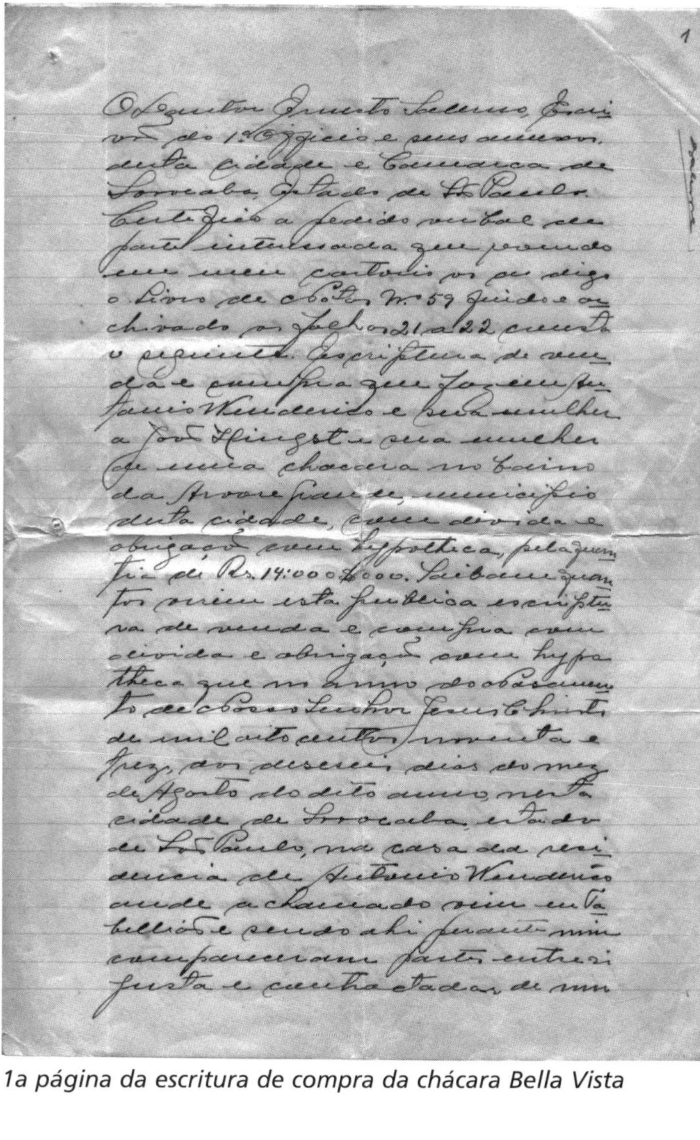

1
O Escrivão Ernesto Salerno, Escri-
vão do 1º Officio e seus annexos,
desta cidade e Comarca de
Sorocaba, Estado de São Paulo.
Certifico a pedido verbal da
parte interessada que revendo
em meu cartorio os ... digo
o Livro de Notas N. 59 findo e ar-
chivado ás folhas 21 a 22 consta
o seguinte. Escriptura de ven-
da e compra que fazem An-
tonio Wenderico e sua mulher
a João Hingst e sua mulher
de uma chacara no bairro
da Aroeira Grande, municipio
desta cidade, com divida e
obrigação com hypotheca, pela quan-
tia de Rs. 14:000$000. Saibam quan-
tos virem esta publica escriptu-
ra de venda e compra com
divida e obrigação com hypo-
theca que no anno do nascimen-
to de Nosso Senhor Jesus Christo
de mil oito centos noventa e
seis, aos dezeseis dias do mez
de Agosto do dito anno, nesta
cidade de Sorocaba, estado
de São Paulo, na casa da resi-
dencia de Antonio Wenderico
onde a chamado vim eu Ta-
bellião e sendo ahi perante mim
compareceram partes entre si
justa e contractadas, de um

1a página da escritura de compra da chácara Bella Vista

A transação é efetuada num dos momentos mais dramáticos da história do Brasil, apenas a quatro anos da instauração do golpe e governo republicano. Dos incongruentes atos de Ruy Barbosa na pasta da Fazenda, promovendo a jogatina desenfreada do Encilhamento, o direito de bancos particulares emitirem papel-moeda, as revoluções semimonarquistas, a queda do preço do café que irá lançar o País na insolvência de 1896, a bancarrota em 1898. Particularmente, Sorocaba seria atingida pela epidemia de febre amarela em fins de 1897, seguida de outra estendendo-se de 1899 a 1900.

Na Árvore Grande, nascerão os três últimos filhos, da ninhada de doze, Ana em 1890, Carlos em 1892 e, finalmente, Albino em 1894. Contrariando a regra geral, os Hingst não sofreram nenhuma perda.

A olaria dos Hingst consolida-se, todos trabalhando em mutirão de forma braçal, tanto na retirada do barro das minas da Árvore Grande como na confecção e cozimento das telhas e tijolos disputados por causa da sua excelência e encontrados na maioria das construções sorocabanas e vizinhanças. Os Hingst continuavam no Brasil, a forma gregária das famílias alemãs comportarem-se, fosse elas direcionadas para o comércio, indústria e mesmo artes, como bem exemplifica a família Bach no campo musical. As datas deixam claro a vivência do patriarca dos Hingst em momentos tormentosos da história do Brasil.

Chegando em 1863, poucos meses depois, conheceu os cinco anos da Guerra do Paraguai, no campo dos acontecimentos exteriores e os embates entre as facções dos dois partidos monárquicos, o liberal e o conservador no âmbito da política interna. O brutal analfabetismo, a escravidão e seu fim em 1888 e logo após o golpe republicano. Acompanhou o fim da monocultura da cana-de-açúcar, o início da cafeicultura e o breve fastígio da borracha.

A chegada indiscriminada de imigrantes, acrescida do fator demográfico das famílias numerosas, exigirá a multiplicação de imóveis, para a qual ele contribuirá com tijolos e telhas.

Trabalhando na construção da São Paulo Raylway, assistiu de perto ao assentamento da Mogiana, Campineira, Ituana, Noroeste e, logicamente, da Sorocabana.

Alguns documentos são insofismáveis quanto à sua participação no atual traçado da Estrada de Ferro Sorocabana, oferecendo seus terrenos para a implantação da ferrovia com enormes regalias, enquanto outros proprietários praticamente tornavam inviável o trajeto na ânsia de receberem altas quantias pela cessão de terras.

Não titubeou nem mesmo em ficar particularmente prejudicado quando os três edifícios que constituíam os fornos de cozimento do material, edificados na altura da atual rua Epitácio Pessoa, ficaram divididos pela passagem dos trilhos. Atualmente a área é ocupada pela Ultragaz. Antes, já se portara de forma semelhante, quando permitiu a passagem da antiga estrada de rodagem para São Paulo pela chácara Bela Vista e a cessão de parte dos terrenos para a construção do Packet House. Os documentos da Companhia Telefônica Brasileira, comprovam que em novembro de 1929 Lawrence Hill *solicita de V.S. a necessária licença para colocação de postes nos terrenos de sua propriedade, entre Brigadeiro Tobias e Sorocaba.*

DUPLICATA

Companhia Telephonica Brazileira

Sorocaba 23 de Novembro de 1929

Illmo. Snr.

João [illegible]

Chacara Bella Vista - Sorocaba

Tem esta o fim de solicitar de V. S. a necessaria licença para collocação de postes nos terrenos de sua propriedade, entre Brigadeiro Tobias e Sorocaba, no Municipio de Sorocaba, postes esses que servirão para as linhas da Companhia Telephonica Brazileira.

Esta Companhia se responsabiliza por qualquer prejuizo ou damno que a collocação dos mesmos possa occasionar e compromette-se, por meio desta, a retiral-os logo que V. S. ou representante seu exigirem, dando naturalmente a esta Companhia um prazo sufficiente para o fazer.

Esperando que V. S. nos envie em breve uma resposta, concedendo-nos a autorização pedida, confessamo-nos desde já agradecidos e apresentamos-lhe os protestos de nossa distincta consideração.

por Lawrence Hill
Superintendente Geral

[illegible]

Sorocaba 23 de 11 - 1929

Illmo. Snr. Superintendente Geral

Companhia Telephonica Brazileira

Respondendo seu favor de 23 de Novembro - 929 tenho a informar-lhe que concedo a autorização solicitada no mesmo, para a collocação de postes nos terrenos de minha propriedade, entre Brigadeiro Tobias e Sorocaba, no Municipio de Sorocaba, de accordo com as condições estipuladas na carta acima citada.

Sem mais, sou,
de V. S.
Amo. Atto. Obrgo.

João [illegible]

Testemunhas:

[illegible]

Sebastião [illegible]

Documento da Cia. Telefônica Brasileira

Nascido, formado e aceitando plenamente o estado monárquico alemão, deve ter sido com estupor que conheceu o golpe de Estado de 15 de novembro no Rio de Janeiro.

Mais uma vez deve ter refletido o quanto a história é repetitiva se comparamos os acontecimentos da sua cidade natal com as marchas e contramarchas, dos primeiros anos de republicanismo, com revoluções, guerrilhas, motins, assaltos e as infames execuções do período florianista. Depois, o depauperamento da moeda com Prudente de Moraes e Campos Salles, mais a campanha de Canudos e o incidente da revolta do cabo João Cândido e os místicos do Contestado. As revoluções de 1922 e 1924.

Em 1914, aos 71 anos de idade, é convocado militarmente pela Alemanha, mas já tendo descendência brasileira, foi dispensado. O conflito universal e a futura posição brasileira contra a Alemanha devem ter-lhe custado alguns dissabores, num ambiente onde de repente, velhas amizades são esquecidas ao calor das contendas bélicas.

Pelos documentos que Sérgio Hingst guardou ciosamente, percebe-se que o passar dos anos, o envelhecimento do patriarca, a inapetência dos filhos, a maquinaria obsoleta incidiam de forma negativa na olaria dos Hingst. Consta que o velho Johann dirigia o negócio mesmo quando ficou impossibilitado por doenças. De todos os filhos o que mais se aproximava da sua clarividência era Alberto, que, a exemplo do pai e de todos os irmãos, nunca estudou além do curso primário. Alberto dedicava-se mais ao gerenciamento do que aos trabalhos braçais, como os demais.

Com o enfraquecimento da saúde do pai, ele passa a ser o centro das decisões e, principalmente, das disputas entre os irmãos. Era avesso a qualquer forma de progresso, mesmo o mais meridiano. Tirava água do poço no lote que lhe pertencia na chácara Bela Vista, até sua morte, porque água encanada traria problemas econômicos com canos, caixas e torneiras.

Esses conceitos mantidos, ainda nos anos 30, no

fabrico de telhas e tijolos da Bela Vista, semelhantes aos praticados nos tempos de Ipanema e do Kaiser, ignoravam o emprego racional da eletricidade e da mecanização em série, em favor do artesanato individualizado. Nada de excepcional que fossem superados por outros concorrentes mais sincronizados com a industrialização do século XX.

A partir do ano 1925, Johann combalia vergado pelos 82 anos. Não ia mais à cidade, pois os cinco quilômetros que mediavam entre a Chácara e o centro de Sorocaba, ainda que realizado em automóvel ou charrete, o incomodavam. Nos primeiros dias de 1930, o estado de saúde deve ter-se agravado sensivelmente. Imagina-se que alertada pelo médico, a família esperava o pior. O documento de 6 de março de 1930 deixa clara a situação: *Saibam quantos esta publica escritura virem que no ano do Nascimento de Nosso Senhor Jesus Cristo de mil novecentos e trinta, aos seis dias do mês de março, nesta cidade de Sorocaba, Estado de São Paulo, em a casa dos outorgantes, na chácara Bela Vista bairro da*

Árvore Grande, subúrbio desta cidade, aonde a chamado vim eu Tabelião, com seu escrevente habilitado, que esta escreve, ai, perante mim, compareceram presentes de uma parte, como outorgantes doadores João Frederico Hingst e sua mulher d. Isabel Papst Hingst, domiciliados nesta cidade, e da outra parte como outorgados donatários,... E pelos outorgantes doadores me foi dito perante as testemunhas infranomeadas e assinadas, que entre outros bens que possuem, acham-se as chácaras Bela Vista e Lavapés, situadas respectivamente no bairro da Árvore Grande e fim da rua São Paulo, desta cidade e do valor de Rs 34:000$000 e Rs 14:000$000 e tendo se reservado metade dos bens que presentemente se possuem, achassem contratados de sua livre e espontânea vontade com os outorgados, seus genros, filhos e netos, para doar-lhes intervivos gratuitamente, ditas chácaras já divididas pelo Dr. João de Lacerda em doze quinhões e conforme as duas plantas rubricadas...

O tronco dos Hingst de Sorocaba estilhaçava seu império. Alguns ainda teimariam em continuar a indústria oleira, como Alberto, aquinhoado na divisão do terreno com a área que margeia o Rio Sorocaba. Outros herdarão partes distantes tanto dos fornos quanto do casarão onde todos habitaram um dia. O documento é concluído a tempo, porque pouco depois, a 10 de junho do mesmo ano, falece João, seguido de perto por Isabel, a 7 de agosto.

Compra da Chácara Bela Vista

O Doutor Ernesto Salerno escrivão do Primeiro Oficio e seus anexos nesta cidade e comarca de Sorocaba, Estado de São Paulo.

Certifico a pedido verbal da parte interessada que procurou em meu cartório nos as, digo, o Livro de Notas Nº 59 feito e arquivado nas folhas 21 a 22 consta o seguinte; Escritura de venda e compra que fazem Antonio Marciano e sua mulher a João Hingst e sua mulher de uma chácara no bairro da Árvore Grande, município des-

ta cidade, com dívida e obrigação com hipoteca pela quantia de 14:000$000. Saibam quando virem esta publica escritura de venda e compra com a dívida de hipoteca que no ano do Nascimento de Nosso Senhor Jesus Cristo de 1893, aos 16 dias do mesmo de agosto do dito ano, nesta cidade de Sorocaba, Estado de São Paulo, na casa da residência Antonio Marciano onde a chamado... Tabelião e sendo ai perante mim compareceram partes entre si justa e contratadas de um lado como outorgantes vendedores o... Antonio Marciano e sua mulher D. Maria das Dores Marciano proprietários residentes nesta cidade e de outro lado como outorgados compradores João Hingst e sua mulher Izabel Papst Hingst, lavradores residentes neste município reconhecidos pelos próprios... e das testemunhas adiante nomeadas e no fim assinadas, do que dou fé, em presença das quais pelos outorgantes vendedores me foi dito que por compra que fizeram a José Marciano da Silva, e sua mulher, são senhores e legítimos possuidores de uma chácara denominada Bela Vista, no bairro da Árvore Grande, município desta cidade dividindo pela *frente com a estrada de Itu até chegar o córrego da Bela Vista e por este abaixo até dar na... férrea da Sorocabana. Por este acima segue até chegar no valo que divide terrenos de João de Oliveira Guimarães e por este valo acima segue até sair na mesma estrada de Itu que serviu de ponto de partida; cuja chácara com suas benfeitorias assim como possuem livre e desembaraçada de hipoteca ou outro qualquer ônus, fazem venda, como de fato tem vendido aos outorgante compradores pelo preço e quantia de 14:000$000 pagável no prazo de oito meses a contar da presente data em duas prestações, sendo a primeira até o dia dezesseis de novembro do corrente ano da quantia de quatro contos de reis e a segunda no dia dezesseis de abril do ano próximo futuro da quantia de dez contos de reis sem preciso até a época dos respectivos vencimentos e daí por diante quando convenha a eles outorgantes conceder mais prazo aos outorgados por todo o tempo que acrescer até seu real embolso, pagando eles o prêmio de dez por cento ao ano,... usualmente e na falta do pagamento do prêmio capitalizará de ano em ano para também ganhar prêmio.*

Sorocaba 1919

Capítulo II

A História Continua: 1924 -1945

O casamento de Albino Hingst com Argemira Ildefonso, filha de Joaquim Ildefonso e Elisa Fogaça, foi antecedido de constrangimentos raciais, apesar da união acontecer entre duas famílias alemãs, fato que pode explicar muitos desencontros que a história, não só nacional, conhecerá depois de 1930.

Quando Albino foi pedir Argemira em casamento, Joaquim Ildefonso disse que sabia que pessoas morenas não eram aceitas na família. Joaquim disse a Albino que eles eram alemães e que na sua família todos eram morenos.

Sérgio recebeu estas informações de familiares que viveram aquele momento e sabiam que Joaquim estava se referindo a José Raszl, genro de João, casado com Leopoldina Adelaide Hingst Raszl, portanto, tia de Sérgio.

É provável que o próprio Joaquim Ildefonso já houvesse passado pelos mesmos dissabores, porque a esposa Argemira era resultante da miscigenação de brancos com índios, apesar dele explicar que na sua família, isto é, a de origem alemã, todos eram morenos.

Já impossibilitado de locomover-se por males que afligiam o patriarca João há meses, o casamento civil foi realizado no casarão da chácara Bela Vista, a 23 de setembro de 1922, habitada por Albino desde o nascimento. O casamento religioso aconteceu na Catedral de Nossa Senhora da Ponte, oficiada pelo reverendo D. Bernardo. O documento aclara que o noivo contava 26 anos e Argemira,18. No primeiro momento, o casal deve ter ocupado alguma parte do casarão ou morado nas vizinhanças. Foram padrinhos na cerimônia Antonio e Maria Wanderick.

Arthur Bernardes vencera as eleições presidenciais em 1922 e atravessaria um dos momentos mais conturbados da Velha República.

No dia seguinte à proclamação do resultado, Nilo Peçanha começaria um movimento contestatório, entendendo as eleições como viciadas, fato que Ruy Barbosa havia denunciado quando foi vencido por Hermes da Fonseca, em 1915, no que tinha razão, mas que, pela assiduidade com que era perpetrada, perdera relevância. Após a posse de Arthur Bernardes, a 15 de novembro, o País seria convulsionado pelos reflexos dos governos anteriores, amparados num espectro que ia da corrupção à violência criminal. Intimorato, aprisiona o ex-presidente, Gal. Hermes da Fonseca.

Pouco antes da posse, havia acontecido uma das mais dramáticas e cinematográficas passagens do republicanismo, quando os 18 do Forte de Copacabana haviam confrontado o governo de Epitácio Pessoa. Como mais tarde Juarez Távora e Eduardo Gomes subiriam aos mais altos postos da hierarquia militar, candidatando-se ambos à Presidência da República, o fato se tornaria, com o passar dos anos, acontecimento de comemoração anual.

Bernardes herdaria, entre outros, resquícios do tenentismo e dos gaúchos que, de janeiro a outubro, haviam se empenhado numa revolução contínua.

O presidente Arthur Bernardes governará com mão de ferro o quatriênio 1922-1926, em meio a outras revoltas, sedições, falsificação de cartas, que lhe permitirão, a cada tanto, pedir estado de sítio ao Congresso. O advogado Sobral Pinto narrava que defendeu dezenas de presos políticos sempre sob o *guante* – a mão-de-ferro - do estado de exceção. Nem bem termina a revolução de Isidoro, começa a longa caminhada da Coluna Prestes, que saindo do Rio Grande do Sul alcançará o Nordeste, mais tarde internando-se na Bolívia.

Sorocaba aos poucos perdera o tom de entreposto de muares, adaptando-se ao modelo industrial das fábricas recentes que abrigava. Os filhos de Albino e Argemira foram chegando dentro do prazo regimental. Clara, a primogênita, viu luz no dia 12 de agosto de 1923, portanto, 11 meses após o matrimônio. Em seguida, Sérgio, a 27 de novembro de 1924, a poucos meses de outra convulsão social, a revolução que o general Isidoro Dias Lopes empreendeu em São Paulo, contra o governo federal. A capital paulista foi bombardeada violentamente pelas forças federais, obrigando grande parte da população a fugir para o interior, Sorocaba, inclusive. Em clima altamente convulsionado, Washington Luiz vencerá as eleições - sempre sob o signo da fraude - e será empossado a 15 de novembro de 1926.

Antes dos anos 30, a diabetes de Albino já o abatia. É quando o casal deve ter-se mudado para uma casa na atual Av. São Paulo. Algumas casas além, esquina desta avenida com a Rua Felipe Beti, Albino mantinha um empório como meio de subsistência.

Na partilha que os velhos Hingst assinam pouco antes de falecerem, é possível divisar que a distribuição dos lotes melhor atendesse às peculiaridades de cada filho. A Alberto, o mais velho, e que melhor se identificava como continuador da obra do pai, vimos que lhe coube uma área de 44.000 mil metros quadrados, beirando todo o contorno do rio, portanto, onde se localizava o barreiro, matéria-prima para o fabrico de telhas e tijolos. Ele será o último dos filhos a persistir na tradição familiar, fabricando telhas e tijolos até 1935. Adoentado, já tendo alcançado os 60 anos e pretendendo abandonar o ofício, depois de oferecer o terreno aos irmãos, vende a área ao concorrente do pai, Pellegrini, que limitava seus terrenos com o dos Hingst.

Para o adoentado Abílio reservaram uma área menor, 6.570 metros quadrados, junto à Rua São Paulo, com moradias. Para um, terra propícia à extração, para o outro, imóveis.

Com a posse de Washington Luiz, em novembro de 1926, esperava-se uma pausa em tantas lutas partidárias, mas por fim, o que tivemos foi a revolução getulista de 1930, conseqüência da quebra da bolsa de Nova York, em 1929, e a desmedida prepotência do presidente, pretendendo impor novamente um presidente paulista, quan-

Mapa com a divisão da chácara Bella-Vista

do pelo combinado no tabuleiro sucessório, seria a vez de um mineiro.

O falecimento da tia, Rosa Guazelli Hingst, em janeiro de 1927, não pode ter atingido profundamente ao garoto Sérgio, de três anos, e ainda

Em pé, os pais de Sérgio. Sentados,à esquerda,avós paternos e à direita,avós maternos. A irmã Clara e Sérgio,o bebê que dorme.

menos o irmão Henrique, nascido a 27 de maio de 1927, falecendo cinco meses depois. Diferente deve ter sido o dramático ano de 1930, já contando seis anos, e compreendendo a ausência da irmã Helena, nascida a 6 de julho de 1929, falecia a 13 de janeiro. Pouco depois, toda a família, apesar de prevenida, seria abalada com a morte de Johann, a 10 de junho e da esposa Isabel, a 7 de agosto, pondo fim, de forma vertical, a toda uma era familiar. O último dos irmãos de Sérgio, Henrique, nasceria um ano após o falecimento de Helena, no dia 17, falecendo a 19 de fevereiro de 1935. Portanto, dos cinco filhos gerados pelo casal Albino-Argemira, apenas os dois primeiros atingiriam a plenitude.

Mas, o grande golpe viria a 23 de maio de 1934 com a perda do pai. Há muito tempo a diabetes corroía o quase jovem Albino. Foi internado várias vezes no Hospital Santa Catarina, na capital de São Paulo, sempre atendido por um dos luminares da medicina daqueles anos, o famoso Dr. Seng. Os falecimentos encadeados calaram fundo no sentimento do garoto que transitava nessa época entre seis e onze anos. Os passamentos tomaram importância no calendário espiritual de Sérgio. A morte de familiares ou colegas o atingia profundamente, concretizando-os a partir da obrigatoriedade que se impunha em exteriorizá-los socialmente, com o comparecimento em velórios e missas, somados a outros que ele exercia espiritualmente. Convidava também companheiros para acompanhá-lo nessas homenagens póstumas, e isso podemos afirmar categoricamente porque, por dezena de vezes, fomos seu acompanhante, dada a proximidade de locais de trabalho que tínhamos na época.

A perda da hegemonia nacional que os paulistas sofrerão com a revolução de 1930, incentivará a vingança ao regime Vargas, desejo de revanche que transbordará na próxima revolução, a de 1932. É nesse momento que Sérgio começa a segunda fase da sua vida, estudando no Grupo Escolar Senador Vergueiro em prédio ainda hoje existente no cruzamento das Ruas José Martins com Duarte da Costa.

Cursar escola pública é sinal que os Hingst da Árvore Grande concretamente atravessavam momentos desagradáveis, senão o esperado seria que freqüentasse uma das boas escolas privadas da região. Deixava também patente que o passar dos anos havia lhes retirado o esplendor da década 1910. Tias de Sérgio relatam que ele *cortava cana e debulhava milho a partir dos sete anos de idade. Ricardina censurava Albino dizendo que Sérgio vinha com calos na mão e que era muito pequeno para essa tarefa.*

Para confirmar a decadência que atravessavam desde a metade dos anos 1920, vários documentos cartoriais atestam que os filhos de João Hingst estão retalhando a herdade e vendendo-a em lotes, resultando o atual bairro da Árvore Grande.

Será na Escola Senador Vergueiro que Sérgio receberá os primeiros conceitos de educação. Ainda hoje, com as melhorias havidas, com ruas e calçadas cuidadas, é relativamente distante o percurso da Árvore Grande para a Duarte da Costa para um garoto, entre 8 e 12 anos, percorrê-la. O que pensar quando as ruas ainda eram de terra batida e calçadas esburacadas.

Na Senador Vergueiro obterá o diploma do curso primário em 30 de novembro de 1937, assinado pelo diretor Carlos de Assis Velloso. A data é preocupante. Naquele tempo o curso primário constava de quatro anos de estudo, portanto a data nos leva a duas conclusões: caso ele não tenha sido reprovado em algum ano, sua admissão deve ter acontecido após a data regulamentar para a freqüência, aos 7 anos, em 1931.

Além dos problemas financeiros que a família atravessava, é necessário enfatizar que ainda nos últimos anos da década 1920, o casal de velhos, formador do clã dos Hingst, vivia tão sóbria e modestamente quanto qualquer remediado da cidade. Era a esposa quem lhe cortava o cabelo. A filha Ricardina contava que só tinha uma roupa. Ao lavá-la era obrigada a usar vestidos das irmãs. Um dos doze filhos do casal, Júlio, tinha problemas mentais. Muitos davam como causa o fato de Isabel continuar trabalhando na olaria, no período de gestação e aleitamento. Para trabalhar e cuidar do recém-nascido, ela fazia um buraco no chão e o acomodava, perto dela. Quando adulto, Júlio também trabalhará cuidando da alimentação dos animais. Consta que uma vez, derrubado por um bezerro, colocou pimenta no ânus do animal, deixando insofismável que era retardado.

A estes e outros costumes e incidentes, muitos filhos, netos, noras e genros interpretavam como produto de sovinice dos velhos. Sérgio revoltava-se com estas avaliações que, na verdade, apenas refletiam a educação prussiana que João e Isabel haviam herdado de seus pais e avós, comum ao homem do campo europeu.

Mas a sobriedade franciscana não impedia que as festas fossem concorridas e até com excessos. Todos se reuniam na casa do festejado, fosse casamento ou batizado, trabalhavam nos doces e salgados. Eram essas festas que muitos descrevem com duração de mais de um dia, ou para ser mais documental, até acabarem os salgados e doces.

Parentes e amigos de chácaras distantes compareciam fomentando novos casamentos.

Os problemas sobre coloração de pele na família Hingst foram ampliados, alcançaram o âmbito nacional quando o Brasil declarou guerra à Alemanha, em 1917. Os loiros alemães sofreram constrangimentos, a ponto do dono de uma fábrica, Schnoor, mudar seu sobrenome para Soares. O mesmo voltaria a acontecer em 1942, com maior amplitude. Desconhecemos se o velho Hingst foi ou não molestado pelas perversidades políticas geradas por uma guerra distante mas, se o foi, seriam infames porque ele nunca se preocupou em ensinar o idioma alemão aos seus descendentes, dizendo que viera para ficar.

O desaparecimento de Albino foi traumático ao extremo para um garoto sensível, de nove anos. Sem a presença do pai, a já combalida família se desestruturaria. Logo mais, 1938, Sérgio deixará os estudos secundários no Colégio Estadual de Sorocaba e separado da mãe e da irmã Clara, viajará para a capital de São Paulo para ser criado pela tia, Mathilde Hingst Cunacci, casada com o fabricante de massas, Lourenço C. Cunacci, sem descendência. Haviam casado, ambos em primeiras núpcias, em 1929, os dois beirando os 40 anos, em completo contraste com o que acontecia na família e no Brasil. No momento em que abrigaram Sérgio, ele contava 53 anos e ela 51. Pode-se afirmar que os laços materiais que os ligavam à Chácara Bela Vista já estavam rompidos desde 1934 quando venderam a área que lhes cabia.

Os tios Mathilde e Lourenço

Os problemas brasileiros não eram menores. A Constituinte tão reclamada pelos paulistas finalmente acontece e desagrada a todos. Em 1935, os comunistas tentam um golpe de estado e que apesar de aniquilado será usado continuamente como elemento intimidatório para a classe média e a endinheirada.

A mudança de Sérgio para São Paulo, para viver, estudar e logicamente trabalhar para os tios, coincide entre os 14 e 15 anos de idade. E ocupação não faltaria porque *A Nova Bolognesa* fabricava massas, vendendo-as não só no atacado mas, também, no varejo do Mercado Municipal.

As leis trabalhistas do getulismo permitiam o ingresso no trabalho de jovens de 14 anos, desde que não trabalhassem como pedreiros ou em contato com elementos químicos ou explosivos. Documento assinado por Argemira em março de 1939 consente que Sérgio trabalhe.

O tio, Lourenço Cesar Cunacci, era italiano, natural de Brescia, nascido a 22 de dezembro de

1885. O primeiro documento que temos dele é de 1926 e ainda declarava-se solteiro. Pelas conversas informais e salteadas que tínhamos com Sérgio sobre esta fase da sua vida, ele demonstrava um tom pesaroso, não sabemos bem se em decorrência do que ele não gostava de fazer, do que não lhe permitiam fazer ou do que gostaria de estar realizando em outro lugar.

O regime de vida na Rua 25 de Março deveria ser austero e limitado. Parece que Lourenço não dispunha de horizontes maiores confrontando-se com a juventude impetuosa de Sérgio que não se conformava com isso. Aos poucos foi se apossando da gerência e administração da empresa que, ao que tudo indica, era bastante modesta. Fabricava, não sabemos se de forma artesanal ou com emprego de máquinas.

Mesmo sem maiores comprovantes é lícito aceitar que Lourenço chegou ao Brasil, como o velho Hingst, com conhecimentos técnicos do fabrico de massas. Do preciso ano em que fundou a *Antiga Bolognesa* nada temos.

Em 1942, quando as relações do Brasil com o os países do Eixo se tornam tensas, os italianos e alemães se acautelaram transferindo bens e propriedades para seus filhos brasileiros ou amigos nos quais poderiam confiar. Nesse momento a *Antiga Bolognesa* abrasileira-se para *A Bolonhesa.*

O avolumar de funções e obrigações que Sérgio assumia fica insofismável no documento do Departamento de Trânsito permitindo-lhe dirigir amadorística ou profissionalmente tanto automóveis como caminhões. Outro documento, da prefeitura, após exames médicos, permite-lhe trabalhar como feirante, podendo exercer atividade na venda de produtos como queijo, legumes e massas, onde as mãos interferiam.

Segundo Sérgio, à medida que os anos transcorriam, era ele o encarregado da compra da farinha, passando a jogar na bolsa de mercadoria. Todos essas referências podem ter arrimo se pensarmos que Leonardo teria mais de 60 anos em 1945, quem sabe, adoentado e, pelas estatísti-

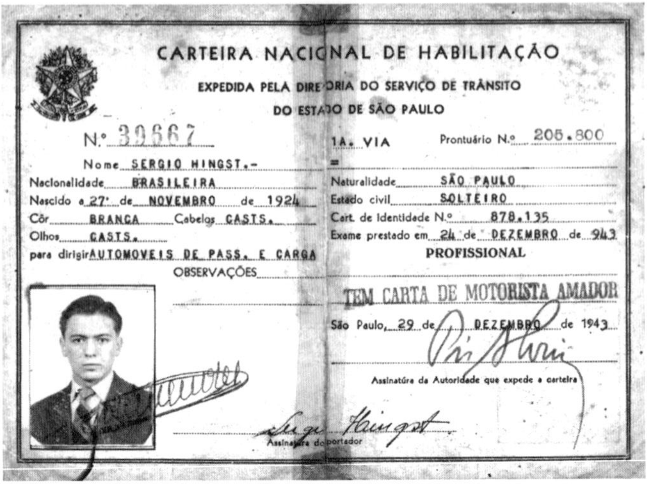
CARTEIRA NACIONAL DE HABILITAÇÃO

EXPEDIDA PELA DIRETORIA DO SERVIÇO DE TRÂNSITO

DO ESTADO DE SÃO PAULO

N.º 39667

1A. VIA

Prontuário N.º 205.800

Nome SERGIO HINGST.-

Nacionalidade BRASILEIRA

Naturalidade SÃO PAULO

Nascido a 27 de NOVEMBRO de 1924

Estado civil SOLTEIRO

Côr BRANCA Cabelos CASTS.

Cart. de Identidade N.º 878.135

Olhos CASTS.

Exame prestado em 24 de DEZEMBRO de 943

para dirigir AUTOMOVEIS DE PASS. E CARGA

PROFISSIONAL

OBSERVAÇÕES

TEM CARTA DE MOTORISTA AMADOR

São Paulo, 29 de DEZEMBRO de 1943

Assinatura da Autoridade que expede a carteira

Assinatura do portador

Carteira de motorista e o furgão que Sérgio dirigia

cas médicas da época, classificado como um velho. Caso tivesse assimilado alguma das doenças típicas dos maiores de 50, as narrativas de Sérgio têm todo cabimento.

GRANDE FABRICA DE MASSAS
ANTIGA
TALHARINI E TALHATELLI
MASSAS COM OVOS
BOLONHESA
MASSAS GLUTINADAS
SEMOLA, ETC. ETC.
Lourenço Cezar Cunacci
TELEFONE, 2-5387
Rua 25 de Março, 89 — SÃO PAULO
MACARRÃO DE PURO TRIGO

TALHARINI
GRAVATINHAS
MASSAS
COM OVOS
Especialidade em
RAVIOLI E
CAPELETTI
MASSAS ALIMENTICIAS
"BOLONHEZA"
Hingst, Mordini Ltda.
RUA 25 DE MARÇO, 89 -::- TELEFONE: 2-5387
SÃO PAULO

MASSAS ALIMENTICIAS
A Bolonhesa
HINGST, MORDINI, LTDA.
TELEFONE, 32-5387
RUA 25 DE MARÇO N. 89 - SÃO PAULO
IND. BRASILEIRA 1 QUILO
MASSA COLORIDA SEM OVOS
Talharini e Talhatelli - Ravioli e Capeleti
BOLONHESA
Massas Glutinadas, Semola, etc. etc.

Contrariamente à vivência do casal de idosos e acomodados que o criava, Sérgio trilhava outra via. Era jovem, brasileiro e fora convocado. Em março de 1941, veste farda para servir o Exército, prolongando-se o estágio até dezembro quando é dispensado como reservista de 2ª Categoria, obtendo grau 7,00. Nada sabemos do que possa ter ocorrido administrativamente n'*A Bolonhesa*, nesse ínterim.

Em janeiro de 1942, ele tem 20 anos, passou por outra experiência marcante, manuseando armas e aprendendo a matar e obedecer cegamente durante os dez meses de quartel suficiente para abalar quem fora educado em padrões éticos divergentes.

As transformações íntimas por que tenha passado neste período cristalizam-se no ato de logo procurar um estabelecimento para completar os estudos. Opta, para ganhar tempo, na síntese daquilo que hoje chamaríamos de madureza, no Cursinho Patriarca.

Graduação SOLDADO
Nome SERGIO HINGST
27-XI-1924
Cutis branca
Cabelos castanhos
Barba raspadas
Bigode raspados
Olhos castanhos
Altura 1,66m.
Válido até a data de sua desincorporação
Ass. do Cmt. do Corpo
Pôsto
Polegar direito
Registo nº
Assinatura

No Exército

LEMBRANÇAS DO EXERCITO

Demograficamente a situação brasileira era tão florescente quanto os desdobramentos da família Hingst.

Ano	Brasil	São Paulo	Capital	Sorocaba
1920	30.635.000	4.595.000	579.000	....
1940	41.235.000	7.180.000	1.362.000	70.299
1950	51.944.000	9.143.000	2.198.000	93.926
1960	70.791.000	12.809.000	3.781.000	136.271

Os dados de 1930 foram colhidos posteriormente por causa da revolução. Em 1934 a prefeitura arredondava a cifra para 60.000 habitantes.

A vida recreativa de Sérgio era apertada. Estudando, provavelmente à noite, trabalhando de dia, mesmo aos domingos, no box do Mercado, pouco lhe sobraria para divertimentos. Uma folga a cada 15 dias. Local, Santos. Programava com ansiedade esse intervalo, rezando para que nunca chovesse na data.

Em conseqüência da declaração de guerra contra a Alemanha, será reconvocado para servir

Raro momento de lazer, com Clara e Carmelina, em 1940

na Força Expedicionária que iria lutar na Itália ao lado do 5° Exército Americano. Ele tem conhecimento do fato pelo jornal: *Estou servindo em Quitaúna (Duque de Caxias) subúrbio de São Paulo. Fui convocado em dezembro de 1944 para ir para a Europa. Tomei conhecimento da minha convocação, se não me engano, no jornal* O Estado de São Paulo. *Me apresentei no quartel da Rua Manuel de Nóbrega, no Ibirapuera. Os exames médicos foram feitos no Hospital do Exercito no Cambuci. Clima de tensão. A maioria não queria ir para a Europa. Fomos aprovados. No dia 5 de janeiro de 1945 recebemos, para nossa frustração, farda em Quitaúna, não para ir à Europa, mas para substituir os soldados que estavam servindo lá pelo menos há três anos.*

Ficamos servindo até outubro de 1945. Passamos de reservistas de 2ª para de 1ª categoria.

MINISTÉRIO DA GUERRA

(1) 2ª R. M. (1) 4ª C. R.

CERTIFICADO DE RESERVISTA DE 2ª CATEGORIA

Nº 286520 (5)

Certifico que o cidadão Sergio Hingst, (1) da classe de 1920, (1) declarado reservista de 2ª categoria pelo T. G. n. ..., (1) E. I. M. n. 335, (1) em que se matriculara a 31-III-1941 (1) e em cujo exame realizado a 17-XII-1941 (1) obteve grau 7,00. (1)

A) Identificação

Filho de Albino Hingst e de Augemira Aldo Fonzo

Fotog. tirada em 31-3-41 (1)

Natural de: Estado São Paulo; Município Sorocaba; Cidade (lugar)

Data de nascimento 27-XI-1920

Especialidade

Vacinado? Sim. Lê? Sim. Escreve? Sim

Profissões sucessivas

Outras notas Solteiro

Côr Branca (1)

Cabelo Castanho (1)

Olhos Castanhos (1)

Altura 1,66 (1)

Nariz Grosso (1)

Rosto Oval (1)

Boca Regular (1)

Sinais particulares Não tem (1)

Sergio Hingst

(Assinatura do reservista) (4)

B) Mobilização

Data em que se fez reservista a 17 de Dezembro de 1941 (1)

Vai residir em ... (1)

(Cidade e, si possível, rua e número)

Em caso de mobilização deverá apresentar-se { Cidade (lugar) (2); No dia de mobilização. (3)

26 de Dezembro de 1941

(Ass.)

Inspetor Regional do T. G. (2)

Registado nesta C. R.

São Paulo, 27 de Dezembro de 1941

(Ass.)

Chefe da 4ª C. R.

OBSERVAÇÕES:

A) Este certificado poderá ser substituido pela caderneta correspondente.

B) Em caso de mobilização o reservista deverá apresentar-se à autoridade local (civil, si aí não houver guarnição militar), afim de obter meio de transporte até o lugar do Centro de Mobilização que lhe foi atribuido.

(1) Preenchido pelo instrutor do T. G. ou da E. I. M.
(2) Preenchido pelo inspetor regional do T. G.
(3) Preenchido pelo chefe da Circunscrição de Recrutamento.
(4) Preenchido pelo reservista.
(5) Número de ordem dado pela Diretoria de Recrutamento.

9-1-1942

Registro de ... n. 970 fl. 115 v. n. 27 ... Capital Est. de São Paulo Aviso 3447 de 6-9-1940

Contrariando quase todos seus colegas convocados para a guerra, Sérgio ansiava pela ida à Europa porque imaginava, romanticamente, que seria a oportunidade de conhecer países novos. A convocação o atingiu de tal forma que se lembrava dos espetáculos artísticos daquele dia: Nino Nelo no Teatro Oberdan, com o cômico Mazzaropi. No Teatro Boa Vista, na Rua Boa Vista com a Ladeira Porto Geral, Bibi Ferreira encenava *Pedacinho de Gente* (*Scampolo*) de Dario Nicodemi. No Art Palácio, *Gente Honesta*, com Oscarito, Mario Brasini e Vanda Lacerda, dirigido por Moacyr Fenelon. No Bandeirante, *Capitão Blood*, com Errol Flynn.

A partir de 1942, a ditadura Vargas enfrentava dificuldades políticas. Durante três anos, Getúlio pendera, ora para os aliados, representados pelo poder de Rooselvet, ora para o Eixo, que empreendia vitórias fulminantes. Mas naquele momento, apareceu o inverno russo e o contra-ataque inglês no deserto do Saara, abalando o prestígio de Rommel. Os estudantes de faculdades forçavam a entrada do Brasil na guerra

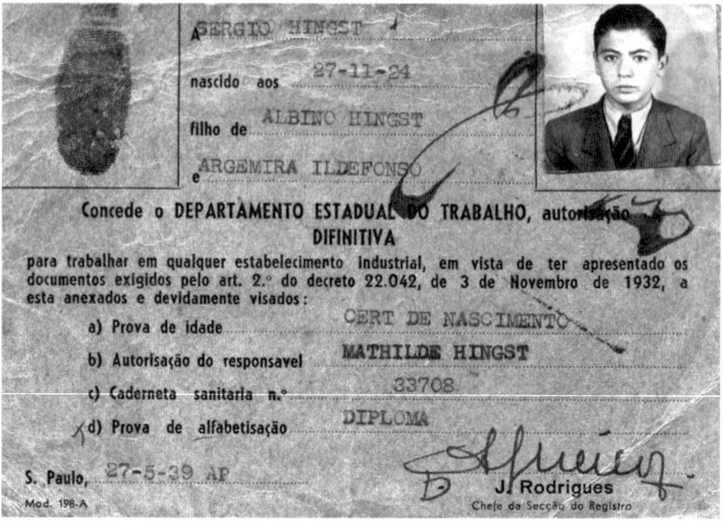

SERGIO HINGST

nascido aos 27-11-24

filho de ALBINO HINGST

e ARGEMIRA ILDEFONSO

Concede o DEPARTAMENTO ESTADUAL DO TRABALHO, autorisação DIFINITIVA para trabalhar em qualquer estabelecimento industrial, em vista de ter apresentado os documentos exigidos pelo art. 2.° do decreto 22.042, de 3 de Novembro de 1932, a esta anexados e devidamente visados:

a) Prova de idade CERT DE NASCIMENTO

b) Autorisação do responsavel MATHILDE HINGST

c) Caderneta sanitaria n.° 33708

d) Prova de alfabetisação DIPLOMA

S. Paulo, 27-5-39 AP

J. Rodrigues
Chefe da Secção do Registro

Mod. 198-A

Carteira profisional e diploma de Sérgio

ESTADOS UNIDOS DO BRASIL

ESTADO DE SÃO PAULO

Departamento Estadual do Trabalho
SECÇÃO DE REGISTRO
MAI 27 1939
VISTO

Eu, Carlos Assis Velloso, director do Grupo Escolar "Senador Vergueiro" faço saber que, á vista da approvação obtida no 4.° anno deste estabelecimento pelo alumno Sergio Hingst, nascido em Sorocaba a 27 de novembro de 1924, filho de Albino Hingst lhe confiro, no uso da faculdade que me é dada pelas leis do Estado, o presente certificado de habilitação, visto haver concluido os estudos do curso primario em 30 de novembro de 1937 conforme se verifica a fls. 10 do livro competente.

O DIRECTOR,

IMPRENSA OFFICIAL DO ESTADO

ao lado das democracias. Este incidente custou a Vargas metade do seu ministério em 1942, incluindo Lourival Fontes e o temido chefe de polícia e futuro senador do período militar, Filinto Muller.

Estou com o Lau (seu primo Wenceslau Rasz) *no Anhangabaú na altura do Viaduto do Chá. Nessa época morávamos na mesma rua, 25 de Março, eu no Nº 9 e ele em frente. Corre-corre na cidade. O Brasil havia declarado guerra à Alemanha e estava sob o impacto do afundamento dos navios brasileiros. Um grupo de rapazes nos obriga a tirar a gravata. Esse ato era em sinal de protesto. Não entendemos bem a situação. Sabíamos o que estava acontecendo. Fomos na direção do Bar Pingüim, conhecido bar de alemães e freqüentado por nós também, que éramos bebedores de chopp. O bar estava fechado e sua frente destruída.*

Sérgio, 2º à esquerda, com amigos, em abril de 1946

Capítulo III

Nasce o Ator: EAD e Teatro

O que pode ter levado Sérgio a cursar a Escola de Arte Dramática? Onde e quando nasceram seus anseios artísticos? Teria visto muito teatro em São Paulo? Seria cinéfilo, já em Sorocaba ou somente em São Paulo, rodeado de cinemas na Rua 25 de Março, podendo alcançar com facilidade tanto os decadentes Santa Helena e Cinemundi, na Praça da Sé, como os lançadores da Cinelândia, abrigados ao longo da Av. S. João e, finalmente, os de bairro, ao longo da Av. Rangel Pestana. Uns e outros ele atingiria a pé, caso desejasse, partindo de onde morava. Se nos basearmos nos depoimentos que os alunos fundadores da Escola de Arte Dramática (EAD) concederam a Maria Thereza Vargas, transcritos na revista *Dionysios* nº 29, a ânsia de algo diferente aliada à ausência de exame formal de qualquer espécie, foram decisivos para a maioria. Gostasse ou não de teatro, freqüentassem ou não o empertigado Teatro Municipal ou o popular Cassino Antárctica, a novidade de aprender quase graciosamente o ofício de interpretar instigava a muitos.

Diferente do Rio de Janeiro, que contava com meia dúzia de companhias estáveis que posteriormente viajavam por algumas cidades importantes do Brasil, em São Paulo não tínhamos nada com certa continuidade, a não ser grupos amadores que se apresentavam anualmente, ligados a faculdades, escolas de línguas ou de imigrantes como o *Doppo Lavoro* e o *Musiche Italich,* dos italianos. O que de melhor assistíamos, fora das companhias oficiais francesas e italianas que nos visitavam com regularidade, eram exatamente os grupos cariocas itinerantes, Jaime Costa, Procópio Ferreira, Dulcina e Odilon, Delorges Caminha, Henriette Morineau. Até mesmo no Teatro de Revista dependíamos de Jardel. O campo profissional paulista de teatro mais ou menos estável significava Nino Nelo, com o bairrismo de *Filho de Sapateiro, Sapateiro Deve Ser.*

Ainda semeávamos no campo das artes plásticas o aparecimento simultâneo do Museu de Arte, patrocinado pelos Diários Associados, e o concorrente Museu de Arte Moderna, presidido por Ciccilo Matarazzo enquanto, no mesmo período, em se tratando de teatro, ainda patinávamos rumo ao profissionalismo do Teatro Brasileiro de Comédia. De premonitório, tínhamos a existência da Universidade de São Paulo, desde 1934, formulada em parte pelos Mesquitas e parentes, a Escola de Sociologia e Política, desde 1933, e a revista *Clima* ideada e mantida por Alfredo Mesquita entre 1941-46. Elas possibilitaram as afirmações da primeira Bienal de Artes, a cristalização do TBC, da Cia. Cinematográfica Vera Cruz, Maristela e Multifilmes.

Alfredo Mesquita teve a sensibilidade de entrever nas trevas, de enxergar no túnel negro da vida teatral paulista o que adviria em paralelo ao alto desenvolvimento da mecânica pesada no campo industrial e à chegada dos estrangeiros foragidos do furacão de cinco anos de uma carnificina, coroada por uma devastação atômica que nenhum teatrólogo ou cineasta poderia conceber. Grande parte dos dons premonitórios do fundador da EAD vinham da freqüência que mantinha com os teatros e cursos durante suas incursões ao estrangeiro, intuindo que logo mais o desenvolvimento teatral brasileiro tornaria imprescindível a formação de atores em escolas e não o aprendizado sem método nos ensaios de palco. No dia 2 de maio de 1948, nascia formalmente a Escola de Arte Dramática. A convocação acontecera poucos dias antes, através das colunas do jornal dos Mesquitas, O Estado de S. Paulo.

Os exames eram perfunctórios, mais pretendendo conhecer o aluno que exigindo dele alguma forma de cultura. Isso acarretará problemas desde o nascedouro, porque nem todos poderiam acompanhar os ensinamentos em igualdade de condições. Tornou-se obrigatório o ensino de português e mais tarde do francês dentro da escola.

Lecionava-se dicção, desempenho cênico, esgrima e expressão, história do mundo, história da arte e do teatro. Como a maioria dos inscritos exercia atividades ligadas à indústria e comércio, a solução foi o curso noturno. Os alunos chegavam cansados das oito horas de trabalho, viajando de bonde, alguns devido à distância, usando o trem. Fica evidente que as primeiras turmas da EAD pertenciam à baixa classe média e até proletária. Mario Basili era mecânico, Leonardo Villar, alfaiate.

Sessão FOTO-FORUM de jornal não identificado, no dia 26 de junho de 1949. A coluna é assinada por Monah Delacy, aluna fundadora da EAD:

Sérgio Hingst - Industrial, na Rua 25 de Março, 89. Tenho uma fábrica de macarrão. Acha graça? Não gosta de spaguetti al sugo? Sou um dos responsáveis pelo prato em São Paulo. Qual a relação entre a macarronada e a arte dramática? Muito pouca. Acontece, porém, que eu achei monótona a vida de industrial e resolvi entrar para o curso de arte dramática. Uma velha aspiração. Dentro de dois anos, estarei diplomado.

Com os amigos da EAD na Ribeira, 1950

Com amigos no Carnaval de 1952, Praia Grande - SP

Se vou abandonar o macarrão pelo teatro? Se conseguir um jeito de ser ator, estarei contente. Entrarei na carreira. Mas isto não será motivo para eu fechar o meu negócio. Atualmente é muito duvidosa a carreira teatral, sob o ponto de vista financeiro. No futuro, talvez...

Às 19 horas a Escola oferecia uma sopa de legumes com pão e um doce. Às 19:30 horas começavam as aulas prolongando-se até as 23 horas. Para muitos a chegada em casa correspondia ao início da madrugada, acordando logo cedo para dirigirem-se ao novo dia de trabalho. As moças, além disso, enfrentavam problemas morais com os familiares, levando algumas, a deixar o lar. Apesar de todos estes entraves, as desistências eram poucas e o élan que Alfredo Mesquita embutia nos alunos era de tal ordem que eles a freqüentavam inclusive aos sábados e domingos.

Importante é lembrar que naquele momento a população jovem começava sua inserção na linha artística e política do Brasil, culminando

Um Rapaz Apressado
(exame EAD 1951)

O Avarento
(exame EAD 1951)

anos depois na Bossa Nova, Cinema Novo, Tropicália e outras posições impensáveis antes da década 60.

Entre 1940 e 1950, 70% da população brasileira tinha menos de 30 anos e apenas 50% chegava aos 20 sendo, portanto, uma população preponderantemente de jovens. A primeira vez que tivemos contato com esta verdade foi durante o Festival Internacional de Cinema, em 1954, quando Erich von Stroheim proclamou que se tratava de um festival de jovens, diferente de tudo que acontecia na Europa.

Num primeiro momento, a EAD abrigou-se na Escola Elvira Brandão, na Alameda Jaú 1474, onde Mesquita estudara quando criança. As carteiras ocupadas pelos alunos do primário matinal tornavam-se pequenas e incômodas para os adultos do noturno.

Pouco depois, em contato com os professores da EAD e sentindo a importância que logo mais tomaria a escola, Franco Zampari franqueou algumas salas onde funcionavam ainda no formato semiprofissional o Teatro Brasileiro de Comédia e a nascente Companhia Cinematográfica Vera Cruz.

Estou com o Geraldo Torloni na secretaria da EAD, no terceiro andar do prédio do TBC-Teatro Brasileiro de Comédia, na Rua Major Diogo 311. Entram o Lima Barreto e o maestro Gabriel Migliori: - Me empresta o piano!
Existia um piano na Escola, era ali que fazíamos os exercícios de impostação de voz, com a simpática e querida soprano Madelena Lebeis. Na sala de aula, Migliori ao piano, Lima Barreto, eu e o Geraldo Matheus. Seriam quatro horas da tarde? Ouçam só como vai ser, dizia o Lima, e Migliori ataca Mulher Rendeira. O Lima cantarolava com aquele seu jeito extrovertido, exagerado. Não tenho certeza, mas tenho a impressão que também estava o Zé do Norte, autor da música, ou pelo menos, conhecido como tal, coisa posteriormente contestada, pois se sabia ser música do folclore nordestino. Nunca comentei essa passagem com o Lima, possivelmente porque não lembrei mesmo. O mesmo Lima com quem mais tarde eu vim a trabalhar como divulgador ou publicista, como se dizia na época do filme, de A Primeira Missa. Quem poderia imaginar que essa música viria a ser o carro-chefe

do famoso O Cangaceiro, *de sucesso mundial. Será que Geraldo Matheus se lembraria desse episódio?*

Mais tarde, a implantação da Companhia Cinematográfica Vera Cruz, ocupando parte das salas, acrescida das novas disposições que a EAD necessitava, obrigou a administração da Escola a mudar-se, a partir de 1952, para o terceiro domicílio, alugando um casarão na Rua Maranhão, 491, esquina com Av. Angélica, pertencente à família Domingos Teixeira Leite.

É nesse local que a Escola permanecerá por mais tempo, inclusive construindo um teatrinho de poucos lugares. Muitos professores ao deporem lembram-se da informalidade de dar aula, no quintal, em baixo de uma jabuticabeira. As chaves eram deixadas na bomba de gasolina localizada na calçada oposta e ainda hoje em funcionamento, e quando não as encontravam, os alunos pulavam o muro do jardim, entrando pela janela. Alfredo Mesquita morava bem próximo, na Av. Higienópolis, 846.

Turma da EAD de 1950

A grande quantidade de informações é cabível e necessária, porque Sérgio Hingst irá assimilar muito e conservar para sempre o aprendizado da EAD, seja no referente ao trabalho (*teatro é coisa dura*), seja sobre a ética (*o palco não deve ser o lugar onde se exibe a individualidade do talento, mas o lugar onde se exerce um ofício*) segundo o depoimento de Mariângela Alves de Lima na *Dionisius*.

Rotineiramente, Alfredo levava os alunos à fazenda da família, em Louveira, e mesmo lá, no lazer da piscina, improvisavam teatro quando não estavam concentrados em arrumar fundos para cobrir os contínuos rombos, sempre avalizados por Alfredo Mesquita.

Almoço em Louveira, na fazenda dos Mesquitas. Na mesa o Dr. Alfredo Mesquita, Dona Esther Mesquita, Geraldo Matheus e o professor... que estava visitando o Brasil. Esse almoço foi em decorrência de que eu e Mateus estávamos com a responsabilidade de vender a produção de uvas da fazenda diretamente ao Merca-

do Municipal de São Paulo. Era uma experiência do Dr. Alfredo Mesquita, administrador da fazenda. Essa nossa experiência de vendedor de uvas fracassou, pois justamente neste ano a safra foi fraca, portanto a venda direta não deu resultados, ou caso engano, parece-me que a safra sofreu um atraso. Daí elas ficarem por elas.

Sérgio fará parte do segundo grupo da EAD, portanto, conviverá com os fundadores, de 1948-1950: Celeste Jardim, Monah Delacy, José Renato, Armando Paschoal, Odilon Nogueira, Marcos Jordan, Xandó Batista, Leonardo Villar, Francisco Arisa e mais alguns que não chegaram à diplomação. Também conviverá com os do segundo grupo, 1949-1951, Dina Lisboa, Benedito Corsi, Eduardo Bueno, Geraldo Matheus e do terceiro grupo, 1950-1953, Floramy Pinheiro, Rosires Rodrigues, Armando Pedro, Emilio Fontana, J. Henrique de Carli.

Os professores eram amigos de Alfredo Mesquita, alguns mantendo ligação direta com o teatro como Clóvis Graciano, cenógrafo de várias peças montadas por Mesquita, Décio de

Almeida Prado, diretor do Teatro Universitário e crítico do OESP, Magdalena Lebeis e Vera Janacopulos, cantoras, Ruggero Jaccobi, diretor do TBC, esteta, poeta.

Pelo depoimento de Sérgio a Monah Delacy depreende-se que ele deseja largar as massas e feiras para dedicar-se mais profundamente ao estudo. Com as amizades formadas na Escola, inicia com o colega do grupo pioneiro, José Renato, um escritório para direcionar candidatos que pretendam atuar em interpretação.

Hingst e Pecora

Seria a primeira agência de figurantes de São Paulo? Ainda funcionando na minha pequena indústria de massas, na Rua 25 de Março, resolvi um dia instalar uma firma de arregimentação de figurantes para cinema. Era o que se chama hoje uma Agência de Figurantes. Teve curta duração por ser antieconômica. Não tinha faturamento. Estávamos fora de época. Era na Rua do Riachuelo, esquina da Brigadeiro, atrás da São Francisco.

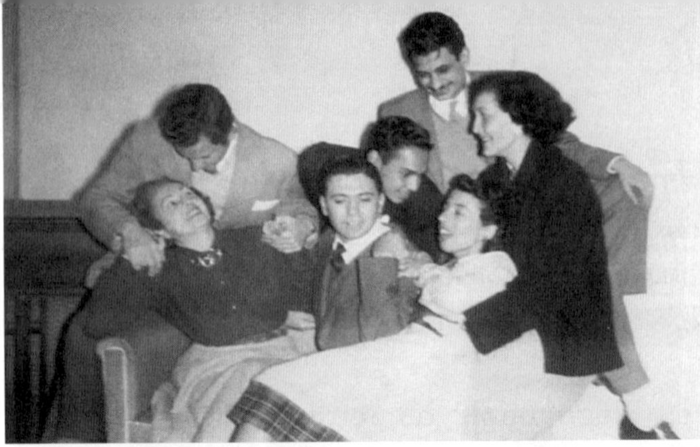

Aulas na EAD

Convidei o Zé Renato para sócio sem capital e daí surgiu a Hingst-Pecora - Agentes Teatrais e Cinematográficos. A minha pretensão era agenciamento de atores, etc. Paramos aí.

Mesquita não permitia que seus alunos participassem de qualquer espetáculo fora da Escola. Isso implicava eliminação. Sérgio passava por esse dilema. O dinheiro ficava cada vez mais curto. Não deve ter pensado muito quando alguém lhe acenou com alguns cruzeiros para figuração num filme da Vera Cruz. Se não conhecera a Europa de graça, combatendo com a FEB, visitar a cozinha da Vera Cruz, em Pelotas, no filme *Ângela*, era tentador.

Na Vera Cruz (1950, acima e 1952, abaixo)

A aventura gaúcha custou-lhe a saída da Escola. Fará mais duas figurações no sonho megalômano de Zampari, uma em *Tico-Tico no Fubá* e outra em *Nadando em Dinheiro*, porém, participando ativamente da equipe técnica, como assistente. Mas deixara boa impressão em Alfredo e nos colegas. Quando o elenco da Escola excursionar a Salvador, com a desistência de Orlando Marcucci, por motivos de trabalho, Sérgio será lembrado e, mesmo sem ter cursado integralmente o terceiro ano, portanto não diplomado, irá fazer sua estréia oficial amadorística na Bahia.

Na coluna de fofocas, *Ronda*, dos Diários Associados, Marcos Pacheco avisa: *Sérgio Hingst está animadíssimo com a viagem à Bahia. E, diga-se de passagem, como caipira ele merecia a medalha de melhor fantasia da festa de Monah.* Finalmente fará sua segunda viagem.

Sem data e nome do jornal: EAD – Excursão à Bahia:

Conforme tem sido noticiado, seguirá para a Bahia, no dia 1° de julho próximo, o elenco da

Escola de Arte Dramática de São Paulo, que, a convite do governo baiano, dará ali uma série de espetáculos. Durante essa temporada de 15 dias serão levadas à cena três peças: O Malandro (Liliom), *de Ferenc Molnar;* Dias Felizes, *de Claude André Puget e* Os Pássaros, *de Aristófanes.*

A excursão está assim organizada: Secretário Geral Geraldo Matheus; Segundo Secretário Luiz Mateus; encarregado do guarda-roupa, Leo Villar; encarregado da parte musical, José Renato. Participarão dos espetáculos os alunos: Celeste Jardim, Monah Delacy, Francisco Arisa, Xandó Batista, José Renato, Leo Villar, Odilon Nogueira, Leandro Navarro, Marcos Jordan do terceiro ano. Rosires Rodrigues, Lucila Curban, Dina Lisboa, Maria Lúcia, Maria de Lourdes Antunes, Geraldo Matheus, Luiz Geraldo, Sérgio Sampaio, Flávio Gonçalves, Luiz Furquim, Benedito Corsi, Duílio de Fabricius, Henrique Becker e Sérgio Hingst, do segundo ano. Acompanharam os alunos os professores Décio de Almeida Prado e Alfredo Mesquita.

Na sua visão pessoal, anos depois, Sérgio a relembra com detalhes, não deixando dúvidas do quanto a viagem lhe foi marcante.

Viagem a Salvador – Bahia -1951:

Vou substituir o Orlando Marcucci, hoje advogado aposentado da Caixa Econômica Federal, escreve poesia, e no momento dedica-se mais à pintura. Participo de Lilion e Os Pássaros. Nessa excursão da EAD a Salvador, a convite do Governo Baiano assistimos à festa de 2 de julho, comemoração da expulsão dos holandeses. Fizemos várias visitas, museus, igrejas, pontos turísticos, Lagoa da Conceição. Voltei a Salvador em 1955, para participar do filme Sob o Céu da Bahia. *Era a segunda fita de enredo, feita em cores, no Brasil. Fomos recebidos pelo governador Otávio Mangabeira, tiramos a clássica fotografia. Prova de que estivemos lá. Na foto também o Secretário da Educação do governo baiano, Anísio Teixeira. Quem estava lá? Alfredo Mesquita, Décio de Almeida Prado, Leo Villar, Benedito Corsi, Dina Lisboa, Xandó Batista, José Renato Pecora,*

Geraldo Matheus Torloni, Monah Delacy, depois sua mulher, Armando Pascoal, Flávio, Nilsa, Ana Lúcia, Henrique Becher, Rosires Rodrigues, Celeste Jardim, eu. Um brinde com champanhe francês. Acompanho a Dina Lisboa, a mais idosa do grupo, ciceroneada pela primeira dama em visita ao palácio, que com detalhes descrevia e historiava os objetos ali existentes, porcelanas, cristais, etc. Em Salvador fizemos uma visita ao Instituto Nina Ribeiro para ver a cabeça do famoso Lampião. Estava dentro de um vidro de formol. Outras cabeças também estavam lá.

Anos depois, 1983, durante as filmagens de *A Freira e a Tortura*, ele medita ainda apoiado nas impressões que recebeu aos 27 anos, em Salvador.

Entro na Igreja Matriz de Porto Feliz. Quero ver por dentro como é. Sinto essa fascinação desde a viagem a Salvador-Bahia, em 1951, com a EAD. Naquela oportunidade visitamos os pontos turísticos de Salvador, principalmente as igrejas. Não sou católico, o que me atrai são as pinturas, esculturas, os anjos, enfim, aquela imagem do belo como arte. Essas imagens sempre me afastam no tempo, é como se tivesse vivido em outros tempos, ou imagino através das imagens como seria nesse tempo, não uma imagem poética, mas o dia-a-dia. Bonito para se imaginar, mas com certeza, difícil para quem viveu naquela época. Perto do altar somente duas pessoas, a igreja é grande na sua parte do fundo ou perto do altar tudo está em reformas. Abaixo a cabeça, e faço uma prece, não uma vez, mas diversas. Por quê? Hábito. Faço no ônibus, em casa no trabalho, etc. Lembro da Sara, do Bruno, de Alexandra, minha mãe, do tio Bastos que faleceu em março. Entra uma senhora de idade, pára perto de mim e reclama que ninguém mais vem à igreja. Onde estão as pessoas, se a missa vai começar. Percebo em seguida que essa senhora repete sempre a mesma coisa. Chega seu filho, pessoa de meia-idade, e diz que ainda não são sete horas, hora da missa. São 18:45 h, chegam algumas pessoas, quinze ao todo. A igreja está perdendo seus adeptos? Saio e vou ao restaurante jantar com a equipe do filme A Freira e a Tortura*, dirigido pelo Ozualdo Candeias e produzido pelo David Cardoso, do qual participo.*

Com amigos, na viagem à Bahia

Pouco antes da viagem à Bahia, José Renato desejava empreender uma novidade. Algo a se confrontar com o tradicional palco italiano, de três paredes, constituindo o público da platéia como a quarta. A novidade seria encenar as situações voltadas para todos os lados, circularmente, como picadeiro, com movimentos livres dos intérpretes que poderiam ser apreciados por todos os ângulos, pois o público também estaria instalado em arquibancadas circulares. O estilo implicaria em eliminar a cenografia e, se possível, também móveis. Isso permitiria a proximidade com o público que veria as interpretações como se fossem planos maiores do quadro cinematográfico. Com Sérgio, Geraldo e Armando, ele experimentava seus devaneios, até que o professor Décio disse que aquilo já era praticado no teatro universitário americano. Trouxe livros e fotos. Nascia o futuro Teatro de Arena. Porém, aquelas particularidades não se aplicariam a todas as peças, ou melhor, a pouquíssimas peças.

Em outra, *Ronda*, de 10 de fevereiro de 1951, Matos informava:

José Renato vai dirigir Demorado Adeus, *de Tennessee Williams, num espetáculo interno da Escola de Arte Dramática. No elenco: Monah Delacy, Sérgio Hingst, Eduardo Bueno, Geraldo Matheus, Lucila Cuban, Duílio de Fabricius e outros. A tradução da peça é de Sérgio Sampaio.*

Com o sucesso do espetáculo, obtido no pequeno círculo de espectadores da EAD, José Renato e os participantes da novidade são incentivados a mostrá-lo fora. Era um espetáculo barato, encenado em qualquer salão informal ou mesmo em ambientes dirigidos a outros eventos, como *Uma Mulher e Dois Palhaços,* a que assistimos na sala de exposição do Museu de Arte Moderna, tendo como fundo a tela de Portinari, *Tiradentes,* em viagem ao Mosteiro de Caraça ou *O Demorado Adeus,* num depósito exíguo do Liceu Coração de Jesus.

Além das peças mencionadas e outras de vanguarda, muitas foram montadas em escolas, igrejas, sindicatos e oficinas. Por último, o local fixo e duradouro, o Teatro de Arena, na Rua Teodoro Baima.

Na *Ronda*, de Matos Pacheco, no dia 27 de março de 1951: *Dizem que Maria Lúcia e José Renato (agora agente de artista em sociedade com Sérgio Hingst) estão escrevendo uma peça em colaboração.*

Com participação em *Luz Apagada* e toda a motivação que os críticos Rubem Biáfora, Flávio Tambelini e José Julio Spiewack formaram ao redor de Sérgio, em pouco tempo ele seria conhecido por ampla gama de interessados em cinema, variando do produtor ao participante de cineclube. O teatro foi postergado. No intervalo dos filmes, programas de TV.

Só será absorvido novamente pelo teatro em 1968, quando Emílio Fontana montar a peça de Dias Gomes, *O Santo Inquérito*. 1968 foi um ano dramático para o País, com a censura agindo brutalmente, cortando e mesmo proibindo. A fuga será a paráfrase, a metáfora, a alusão. *O Santo Inquérito* inscrevia-se nessa categoria. Não podendo denunciar os crimes perpetrados pela ditadura militar, arremessava-se por tabela, com fatos históricos, que não podiam ser negados e que todo espectador de cinema e teatro estava calejado de saber a quem se reportava, a começar pelo convite da avant-première, lapidar de cinismo alegórico: *O Visitador do Santo Ofício determina a V.S. que compareça, sob as penas do Tribunal, no dia 11 de novembro, às 21 horas, no Teatro das Nações, a fim de declarar a verdade, no inquérito em que são indiciados Branca Dias e outros.*

Na opinião geral, Dias Gomes havia se aproveitado do ambiente de temor que a ditadura infundia e escrevera a obra às pressas para provocar escândalo e tirar partido da situação. Se estas opiniões eram reais, o autor conseguira duplicar o escândalo, porque a estréia coincidiu com o assassinato de Marighella, a prisão de Frei Beto e os artigos explosivos de Leonildo Taborda.

Paulo Mendonça na apreciação que escreveu para a Folha da Manhã de 26 de novembro de 1967, apesar de levantar sérios problemas para com a dramaturgia da peça, classificando-a taxativamente como cacete, também não deixa de lembrar que o diretor Emilio Fontana, escolhendo um teatro de platéia e palco enormes, colaborou para a desarticulação do espetáculo quase intimista. Libero Ripoli Filho, Jovelty Archangelo, Alessandro Memmo e José Paulo Santos, participavam.

Somente no último parágrafo é que Paulo Mendonça chegava aos intérpretes: *Maria do Carmo, como Branca, por certo entendeu o personagem, mas o seu desempenho não tem densidade interior, nem brilho exterior, carecendo de qualquer magnetismo. Edney Giovenazzi perde-se em maneirismos e nenhum dos demais consegue sobressair-se, nem sequer Sérgio Hingst, cujos trabalhos de cinema são bastante bons mas cuja técnica teatral está bastante enferrujada.*

Teatro das Nações

apresenta

O santo inquérito

movimento
de arte
popular

dias gomes

VANT - PREMIÈRE
ATROCINADA PELA B'NEI B'RITH
OJA OSWALDO ARANHA
M BENEFÍCIO DA CIAM

No prolífero ano cinematográfico de 1984, Sérgio faz sua derradeira participação teatral. Nos intervalos dos filmes, *A Doutora é Boa Pacas, Elite Devassa, A Flor do Desejo* e *A Freira e a Tortura* encontra tempo para percorrer o Estado de São Paulo com uma peça escrita e dirigida por Pasqual Lorenço, *Momento Político de Um Deputado*.

"Num luxuoso motel, o deputado federal mais votado do país, com oitocentos mil votos, subitamente vê morrer nos seus braços uma linda e sensual garota de programa. Dominado pelo pânico, pelo desespero, num beco sem saída, o que fazer diante dos fatos? A ação desenrola-se às vésperas das eleições e ele é candidato a um alto cargo. Diante da morte da moça, o político quase enlouquece, embriaga-se e é tomado por verdadeira alucinação".

Entrevistado em Sorocaba, ele afirma que num momento de tanta turbulência resolveu reciclar-se trabalhando numa peça que movimenta aspectos importantes da vida política do País, podendo colaborar para nossa conscientização.

A política tem ocupado a atenção de todas as camadas e mais ainda das gerações, que agora começam a criar uma nova postura diante da realidade que vive o País, daí o espetáculo ter despertado interesse entre os jovens estudantes. Isso pela ênfase política, pela tragédia sexual de um homem maduro e pelo erotismo que o espetáculo contém.

A peça era sintética, despojada, ótima para viajar porque não oferecia complexidade alguma de produção, resumindo-se num casal de intérpretes. Com Sérgio trabalhava Cristina Machado, atriz da Boca, atuando nos eróticos, *Sol Vermelho*, de Jean Garrett, *Juventude em Busca de Sexo* e *Bacanal de Colegiais*, de Juan Bajon, *Perdida em Sodoma*, de Nilton Nascimento e *Clube do Sexo,* de Rubem Rey, portanto, desinibida para representar, sem embaraços com nus e situações chocantes para o momento que atravessávamos.

A peça viajou celeremente pelo interior do Estado, preparando-se para estrear em São Paulo.

O levantamento feito através de jornais determina o ciganismo da dupla e dos poucos técnicos que a peça exigia: 7 de fevereiro em Piracicaba; dias 19 e 24 do mesmo mês, respectivamente em Sertãozinho e Ribeirão Preto; 2 de setembro em Sorocaba; 14 em Franca; 21 em Araçatuba e na última semana em Presidente Prudente. Em novembro trabalharam em Piracicaba novamente e em Mogi Mirim dia 12. Por fim, dia 26 em Santo André. Em dezembro, dia 7, visitaram Araraquara e dias 14 e 28 finalizaram em Marília.

Capítulo IV

A Aventura da Televisão

Acabara em 1954 o ciclo Vera Cruz, e com ele a tentativa de um cinema industrial. Em compensação, a televisão estava mostrando a competência que ainda hoje a torna o veículo que o homem do século XX e XXI escolheu para receptor das mensagens que ele julga importante, assim como instrumento para transmitir as suas. Ela ocupou o lugar e o significado que o cinema tinha para o homem nos primeiros cinqüenta anos do último século. São Paulo contava com três canais em 1954, a pioneira Tupi, de 1950, mesmo ano da fundação da Vera Cruz, seguindo-a, dois anos depois, a Record e, por último, a Paulista. No Rio de Janeiro havia outros tantos canais.

A liberação do homem brasileiro para votar, discutir abertamente no meio da rua, sem peias, e mesmo agredir sem receber penas, levou-nos a um paroxismo de confrontações que se espraiavam em todos os parâmetros começando no político-social e muitas vezes terminando no futebolístico e artístico.

As críticas do carioca Alex Viany e seguidores do neo-realismo proclamavam as excelências do cinema europeu sobre o americano. Do artista político e engajado sobre o estético.

Do outro lado, Rubem Biáfora, Walter Khouri, José Julio Spiewack, Alfredo Sternheim, Rubens Stoppa, Walter George Durst e o pintor Andreadini, contra-atacavam apoiando-se no vanguardismo do musical e classe B americano, dos japoneses exibidos para a colônia no Cine São Francisco. A divisão dos grupos chegava, por vezes, ao desforço pessoal como o acontecido no auditório do Museu de Arte Moderna durante os debates que acompanhavam os filmes do ciclo sobre o cinema francês, entre Biáfora e o crítico e documentarista Benedito J. Duarte. A querela resumia-se entre os *vyanistas*, fanáticos de Rossellini e De Sica e os *biafóricos*, optando pelas excelências de Orson

Welles e Vincente Minnelli. Sérgio não comungava fanaticamente com nenhum dos extremos, portanto, era considerado um alienado. Para Rubem Biáfora, assistir seriado no Cine Avenida ou Pedro II, não consistia em nenhuma desonra, inclusive algumas vezes ele acabava descobrindo algum novo Ford Beebe (diretor dessas fitas considerado muito competente pela crítica atual).

Os trabalhos que mediavam entre o eletricista e o diretor de produção, oferecidos pelas três produtoras, foram cortados repentinamente deixando todos em situação econômica melindrosa. A saída foi aproximar-se da televisão, coisa que eles não fariam em situação normal. Ela era vista como um veículo degradante, visão semelhante à que tinha o pessoal de teatro, em 1905, em relação ao cinema. Ainda em 1970, há uma peça de Gianfrancesco Guarnieri, em que um grande poeta do período romântico brasileiro, entrevistado por um jornalista, renega a televisão. Nesse momento, Biáfora fora despedido do jornal pela intransigência estética, demolindo filmes aceitos universalmente como obras-primas – nos lembramos especialmente de *O Tesouro de Sierra Madre* - onde não só John Huston era rebaixado a mero transformador de jóias em berloques, como Humphrey Bogart era classificado como podre. Por muito menos, Benedito J. Duarte foi despedido do Estadão quando atacou *Stromboli*, de Rossellini. A distribuidora americana RKO, que havia comprado os direitos do filme ameaçou retirar toda propaganda do jornal caso não houvesse retratação.

A televisão foi para Biáfora, Walter Khouri e Walter George Durst a tábua de salvação. E para não deixar dúvida quanto ao inconformismo das suas posições, nas mesas-redondas que debatiam os filmes exibidos na semana, continuavam o ataque ou defesa com a mesma virulência do jornal. Era um prenúncio da contracultura que viria muitos anos depois.

Rubem Biáfora consegue patrocinador no canal 7 para fazer uma imitação de seriado, ou quem sabe, melhor seria dizer, uma sátira das histórias em quadrinhos de *Flash Gordon*, intitulado *Capitão 7*, protagonizado por Aires Campos. Era um super-herói, saltando de altas pontes, andando no teto de carros em velocidade, dando e recebendo socos, tiros à vontade, afinal, abrindo uma porta para os programas infanto-juvenis das 17:00 horas. Sérgio Hingst participará da experiência inovadora de Biáfora. Pelo contrato que assinou com a Record, sua participação iria de 10/09/54 a 31/12/54.

O personagem desenvolvido por Sérgio Hingst na primeira fase, era o de um cientista desajustado, típico de seriado. Na segunda fase, apesar do personagem Capitão 7 continuar o mesmo, Sérgio seria o antagonista, um mafioso de nome Rabesco, sem conotação italiana.

O tablóide Equipe Artística, de 4 de janeiro de 1955, aborda longamente a nova versão do seriado *Capitão 7*, da TV Record. São citados, Biáfora, Sérgio, José Julio, Bárbara Fazio, Xandó

Capitão 7, com Bárbara Fazzio, Lucy Reis e Aires Campos

ALERTA TODOS OS CANTOS DO GLOBO

OS MARCIANOS INVADEM SUA CASA PELO CANAL 7

Texto de MAURICIO RODRIGUES
Fotos de MANECO

Atenção! Atenção todos os cantos do globo! O mundo está em perigo. Terrivel ameaça pesa sobre todos os povos e põe em perigo a vida de todos os cidadãos do mundo livre! Marte ou outro planeta qualquer a que chamam de O Planeta Negro pretende invadir a terra. Tenebrosa arma mortifera de guerra está sendo preparada para a carnificina geral. Que fazer? Seis expedições já foram enviadas; todas exterminadas, dizimadas e desaparecidas. Que fazer? Enviar uma setima, eis a resposta. E a setima expedição é preparada, pelo presidente do Conselho Mundial de Defesa, que orienta e organiza seus trabalhos e preparativos. Esta setima expedição será comandada pelo celebre e destemido Capitão Hugo, que ganhará a alcunha de Capitão 7, em vista de se tratar da setima expedição. Um pouquinho de propaganda do canal 7, tambem, por que não? Tres cientistas e a filha de um deles, tambem doutora, o acompanharão em suas peripecias interplanetarias. Tomam o primeiro interplanetario da Vasp e tocam em frente. Durante a viagem, um dos cientistas, o inglês, revela-se um espião do Planeta Negro. Luta com a turma de ex-colegas e é ligeiramente empurrado para fora, despencando no espaço. Assim que chegam ao Planeta Negro são enfrentados pelo carrasco, amigo particular do chefe da guarda. Este consegue dominar e prender 3 membros da expedição, mas outros dois conseguem escapar. Como premio à esta pequenina falha é enforcado no palacio real em presença do rei, e naturalmente, das camaras de televisão que levaram o acontecimento aos lares paulistanos. O chefe da guarda, que nunca teve cara de bons amigos, conspirava com a rainha, para derrubar seu cara-metade, isto é, o rei, do trôno que ocupava despoticamente. Igualmente, outro movimento se processava contra o rei. Movimento este chefiado pela princesa, porém constituido de gente sem força para opôr seria resistencia ao tirano. O pagem do rei tambem conspirava contra sua vida.

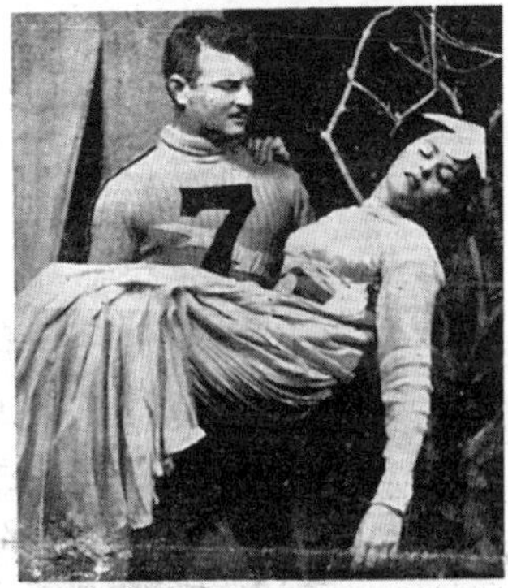

Capitão Sete, defensor das damas e oprimidos...

O rei porém ia levando sua vidinha de crueldades e violencias, feito uma ilha cercado de inimigos e conspiradores por todos os lados. O laboratorio do rei era habitado por uma fauna de cientistas, talentosos e sabios, porém sem vontade propria. Sua missão era construir uma bomba super poderosa que pudesse destruir o Universo. Necessitavam porém dos sabios ensinamentos do cientista chegado da Terra. Por meio de chantagem, rejuvenesceram o homem, porém de nada adiantou. Não é que o mocinho esqueceu todos os ensinamentos adquiridos durante todos os anos de vida. A unica coisa que conseguiu foi namorar com a jovem Condessa, da côrte do Reinado do Planeta Negro. Criançada! Já prá cama! A historia vai chegando ao seu climax! O rei finalmente consegue prender todo mundo e planeja fazer um morticinio e massa. Enfim! Tingir completamente de vermelho o video da casa da gente. Enquanto isto, o guardião descobre a conspiração da rainha com o chefe da guarda. Mata-a, mas é imediatamente estrangulado pelo odioso chefe da guarda. Mas o bem sempre vence sobre o mal! Está escrito desde o começo que o destino de tirano é cemiterio! Assim, no final da historia, o palacio é invadido e todos os que não comungam na cartilha do mocinho, isto é, o Capitão 7, são exterminados. A princesa não é jovem, não! Parecia um brotinho no video, mas era apenas conservada. Envelhece de emoção e morre de senilidade. O velho patriarca destroe os planos da bomba mortifera. Uff! A turma cá da terra já pode respirar tranquila! O cientista envelhece novamente e todos voltam para a terra. Aposto que o Capitão 7 casa com a filha do cientista".

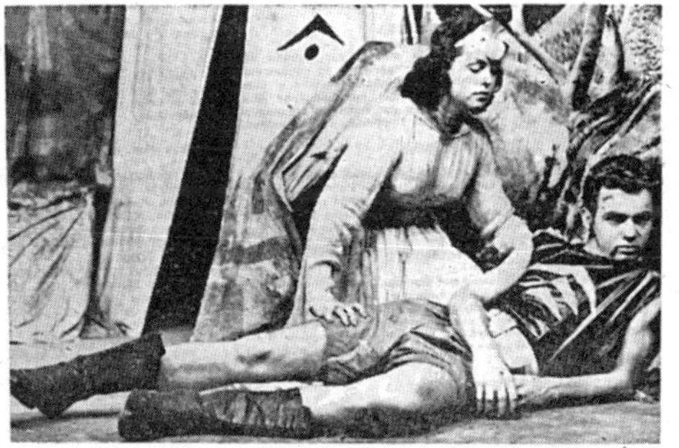

O jovem casal romantico

Este o resumo da novela "Capitão 7" apresentada pelo canal 7. Produção de Rubem Biafora, cenografia de Carlos Giacheri, figurinos de Manoel Victor Filho. Grande elenco tomou parte no programa, conforme segue: — Silvio Silveira, Xando Batista, Sergio Hinghst, José Renato, Aires Campos, Durval de Sousa, Barbara Fazio, José Julio, Laercio Navarro, Helio Golovati, Rosa Maria, Lea Camargo, Italo Rossi, Daniel Azevedo, Juvenal Hahne, Idalina, Flora Maria, Luiz Alberto, Silvio Luiz, Valter Seissel e Gilberto Chagas. O falecido José Rubens participou dos primeiros programas, fazendo o papel de presidente do Conselho Mundial de Defesa.

Não obstante imperar muito a violencia em seus diversos capitulos, "Capitão 7" não deixa de ser uma aventura agradavel, bastante juvenil. Lembra muito o Flash Gordon de Alex Raymond, se bem que não possa, evidentemente, contar com os recursos do "comics" ou mesmo dos "filmes em serie". De qualquer forma é o primeiro trabalho na televisão de um grande cenarista, Rubem Biafora, e acreditamos que para o futuro, seus programas atingirão a um grande padrão tecnico e didatico, à altura de seus conhecimentos de cinematografia.

Flagrante da transmissão do programa "Capitão 7"

NOTINHAS — Outras peças que resolveram — Waldemar de Oliveira e troupe — encenar em nossa cidade (o Teatro de Amadores de Pernambuco); "Esquina perigosa", "Uma morte sem importancia", "Alto mar" e "Está lá fora um inspetor". A temporada no "Leopoldo Fróes" deve demorar-se até 13 de fevereiro; Informam... * Uma programação temporaria para o "Maria Della Costa", após "Uma pulga atrás da orelha" (estreia dia 7): "Mirandolina", de Goldoni, que receberá direção de Ruggero Jacobbi; "A moratoria", de Jorge Andrade; "O Inspetor", de Gogol, direção de Eugenio Kusnet * Enquanto Margarida Rey lança novos modelos de (côr) cabelo, Cleide Yaconis lança nova moda de interpretação. Entusiasma o publico e ganha os aplausos. Contrastes... * Ontem, no "Clubinho", sucedeu uma noite de arte. Margarida Rey e Helia (pianista) se encarregaram de distrair gente de teatro, pintura, cinema... * Acontecerá em Araras, disseram, um espetaculo do Teatro Permanente das segundas-feiras. A peça de Clô Prado, "Tempestade de verão", será apresentada. Ruggero Jacobbi e Valmor Chagas tambem declamarão.... * Em Santos aconteceu a fundação de um novo elenco de amadores. Do Gremio Vicente de Carvalho, do Colegio Estadual Canadá. Apresentaram uma peça de Mario Lago & José Wanderley: "Pertinho do ceu". Em beneficio de um asilo de velhos * Halfeld esteve varias vezes em nossa cidade para tratar de seu caso... o caso do "Aluminio". Nada resolvido, porém, até o presente... * Jaime Barcelos durante sua estadia no Rio foi convidado para participar do elenco... (?) Preferiu — o ator — aguardar melhores dias para o teatro...

musica, divina musica

DISCOS DO MOMENTO

Continua no cartaz o disco de Silvio Caldas, "Perfil de São Paulo", sem duvida, uma das mais belas composições alusivas ao Quarto Centenario da terra de Piratininga. Vejmos a classificação atual.

1.o PERFIL DE S. PAULO — Silvio Caldas
2.o NÃO DIGA NAO — Tito Madi
3.o E' O AMORE — João Dias
4.o ACORDEI CANSADA — Juanita Cavalcanti
5.o BAIÃO DE ANA — Silvana Mangano

Batista, José Renato, Ítalo Rossi e o futuro juiz e comentarista de futebol, Silvio Luiz.

A revista Sete Dias Na TV, com data de 15 de maio de 1955, reporta que no dia 25 daquele mês acontecera um coquetel, mostrado pelas câmaras, anunciando que a Agência Walter Thompson passaria a financiar o Grande Teatro Royal, estreando com a peça de Balzac, *Vendetta*, e na outra semana, *O Jogador*. No elenco dirigido por Ruggero Jacobbi, Cleyde Yaconis, Nydia Licia, Sérgio Cardoso, Ziembinsky e Freddy Kleemann. Carla Civelli, com o patrocínio da indústria de móveis Probel, apresentaria outro formato de teleteatro com Walmor Chagas.

É facilmente perceptível que, na falta de uma linguagem própria, a TV convivia fraternalmente com o cinema, teatro, circo, declamação, entrevista, cantores, solistas, tudo, enfim. Sérgio voltará sua atenção para este novo segmento da TV, que logicamente o interessava como fonte de renda e de exercício como ator.

GRANDE TEATRO ROYAL NO CANAL 7

Segunda feira, dia 25 de abril, realizou-se diante das cameras da TV Record, um coquetel oferecido por aquela emissora à estrele Cacilda Becker e seu grupo teatral, e à agencia J. Walter Tompson de publicidade.

Serviu a reunião, além de aproximar a cronica especializada, os artistas e os patrocinadores, de apresentação ao telespectador do Canal 7, do elenco que constituirá, a partir de hoje, dia 2 de maio, o "GRANDE TEATRO ROYAL".

Fazem parte do grupo, além da grande Cacilda Becker, Cleide Iaconis, Nidia Licia e Sergio Cardoso (que já cumpriram longa temporada no Canal 7), Ziebinsky e Fredy Kleeman. Diretor, Rugéro Jacobi. A peça de estreia foi "VENDETA", de Balzac. Hoje, dia 9, teremos " O JOGADOR".

"Sete Dias na TV" presente ao original programa do Canal 7: apresentação-coquetel, teve oportunidade de ouvir Alfredo de Carvalho, Diretor Comercial daquela emissora. E são muitas as novidades, todas a partir do dia 2 de maio: Carla Civelli, sob o patrocinio de **Probel**, vai produzir "O casal mais feliz do mundo", apresentado às 20 horas por Vera Nunes e Walmor Chagas. O Instituto de Beleza Payot volta a patrocinar um programa todas as segundas feiras, às 19,15. Rugero Jacobi produzirá um programa de 10 minutos, "Instantaneos Tabacow, às 20,20, além de dirigir, às 20,30, o "GRANDE TEATRO ROYAL".

Além de Sérgio, Liana Duval, Rachel Araújo, Osmar di Pieri, Carlos Koppa e Décio Otero também procuravam refúgio. Em 1956, Sérgio aparece várias vezes no *Grande Teatro Tupy*, no canal 3 da antiga Tupi. Apesar da TV ter ocupado um espaço menor quantitativa e qualitativamente em suas atividades, se comparada com o cinema, estranhamente deixou mais depoimentos sobre suas andanças na frente e atrás das câmaras que os do cinema.

Estou contratado na TV Record. Morava nessa época em pensão, na Rua Ricardo Batista, na Bela Vista. Eu e os demais contratados da Record passávamos o dia no Estúdio. Estou no Estúdio vendo o carro de corrida, vermelho, que o Wilson Fittipaldi pai vai apresentar em um programa esportivo. Estavam presentes dois garotos que deveriam ser o Emerson e o Wilsinho.

Em 1958, com o campo cinematográfico paralisado, Carlos Thiré convida-o para assistente de direção no programa *Noite de Gala*, da TV Rio.

Coisas de Cinema, *na TV Record, com Walter Hugo Khouri e Durval de Souza, acima. Piloto de* Pissiu, Alô Táxi, *com Gilberto Galvão, abaixo.*

Noite de Gala, primeira fase na TV Rio. O produtor e diretor era o Carlos Thiré. Eu, seu assistente. Me chamou para trabalhar com ele nesse programa que era organizado pela Agência Casé, do famoso homem de rádio Ademar Casé. Seus filhos Geraldo e Mauricio Casé eram pessoas com quem eu tinha contato na Agência. Boa gente, competentes e simpáticos. Noite de Gala era patrocinado pelo Rei da Voz e Casas Garçon. Excelente patrocinador e excepcional figura humana. Uma vez, com Roberto Medina e seu secretário, fui até sua casa para tratar de assunto de produção, viagem, etc. Lá conheci os dois garotos, encontro rápido de serviço mesmo. Permaneci pouco tempo na TV, ou melhor, no programa Noite de Gala. Estava nessa época flanando em São Paulo.

O Walter Clark era funcionário da TV Rio, se não me engano, no Departamento Comercial. Conversamos diversas vezes sobre cinema.

Cauby Peixoto | Maysa Matarazzo | Oswaldo Louzada

O Walter dizia curtir cinema. Já me conhecia dos filmes nos quais havia participado em São Paulo. Me falou de Carlos Coimbra com quem ele havia cruzado no Rio de Janeiro, se não me engano, em alguma estação de rádio. Depois nunca mais vi o Clark a não ser pelos jornais quando já era o Big Boss da Globo. Lembrança simpática.

A Noite de Gala contou em outros programas com o maestro Siqueira, Paulo Roberto, Ademar Casé, Charles Trenet, Chico Anysio, Guilherme Figueiredo, Abrão Medina e Tom Jobim.

As funções de assistente do diretor Thiré exigiam de Sérgio muito desgaste físico. Não podendo alugar novo apartamento no Rio de Janeiro, ele embarcava um dia antes do programa e voltava na madrugada do dia seguinte logo após o término dele. Era estafante, mas a única fonte de renda de que dispunha no momento e gostava da companhia de Thiré.

Cenas de Noites de Gala, *na TV Rio*

Lamartine Babo espera sua vez. Está em frente a um fundal e em contracampo, ou seja, em sua frente, um tanto afastado, atrás de uma estante, Flávio Cavalcanti. Fiquei dentro do estúdio para poder assistir ao programa ao vivo.

Vai começar Um Instante Maestro, popular, polêmico programa de Flávio Cavalcanti na TV Tupi do Rio. Flávio quebra os discos quando acha que a música é ruim. Carlos Thiré era o diretor de TV, cortador do programa. Nessa oportunidade, eu era seu assistente no programa Noite de Gala, que era apresentado às segundas feiras na TV Rio.

Discos quebrados era uma fúria televisiva do Flavio Cavalcanti. Agora é a vez da música boa, brasileira e de Lamartine Babo; Lamartine canta trechos de suas composições mais conhecidas. Um momento de vibração não só pela música, mas também pela presença de Lamartine. Assim eu vi, pela primeira e única vez, de perto, Lamartine.

O programa, ocupando uma hora inteira, era de variedades, composto de esquetes cômicos, música cantada e dançada, entrevistas. Programas deste estilo tiraram as classes B e C do cinema, porque se de graça, na sala de visita, tomando uma cervejinha, dispondo do poder, caso o programa não agradasse, de apenas passar para outro canal, oferecia condições que no cinema não permitia, exigindo ainda, o ritual de vestir-se adequadamente, tomar condução, comprar ingresso, além da possibilidade do filme não satisfazer e voltar para casa sem ter com quem reclamar.

Fui a casa de Heitor dos Prazeres, ou em seu local de trabalho, não me recordo direito. Combinamos, ou confirmamos a participação de seu grupo no programa Noite de Gala. Simples, humilde, porém digno. Heitor comandava um grupo de passistas, conhecido no Rio de Janeiro. Se apresentaram no auditório da TV Rio. Tocava a Banda do Corpo de Bombeiros do Rio de Janeiro e as cabrochas faziam evoluções por entre os músicos ao som de músicas de Rancho e Carnaval.

Sabíamos que Noite de Gala dessa noite estava, por circunstâncias independentes de nossa vontade, muito fraco. A participação do grupo de Heitor foi tão positiva que foi o ponto alto do Noite de Gala.

Após a apresentação do espetáculo no escritório da esquina da TV Rio (Bar) Thiré, Medina, o patrocinador, eu e mais alguém do grupo cujo nome não me lembro, comentamos o grande finale das passistas de Heitor que sem saber levantaram o programa nessa noite.

Manhã de sol no Rio de Janeiro. Entro na Casa Garçon na Rua Uruguaiana para tratar de alguma coisa com Sr. Garson, que atrás do balcão, conversa com o Orlando Silva. É a primeira vez que vejo de perto aquele que já foi de fato O Cantor da Multidões, rosto bem marcado pelo tempo e pela bebida conforme vim a saber depois. Nessa oportunidade pouco se falava de Orlando Silva, ídolo que fora tão popular quanto Roberto Carlos tempos depois. Além das músicas que se ouviam pelas rádios na sua grande fase me lembro de jornais de São Paulo noticiando que Orlando Silva fora assaltante. Assim, vi Orlando Silva. Eu entre tantos naqueles rápidos momentos na Casa Garçon.

Consumido por um veículo com o qual só tinha ligações salariais, um dia Sérgio decide não embarcar para o Rio. Acabava sua ligação como técnico, posteriormente só estaria comprometido como ator, engajando-se, logo depois, na TV Bandeirante, no Teatro Cacilda Becker, novamente com peças adaptadas e dirigidas pelo amigo Walter George Durst.

Anos depois, ele ainda faz algumas participações em *Raízes*, dirigida por Adhemar Guerra, na TV Cultura, canal 2.

Capítulo V

Uma Vida Quase Secreta: as Associações

Apenas os íntimos conheceram as múltiplas atividades de Sérgio Hingst, participações que empreendeu nas diversas associações que ajudou a fundar, algumas atingindo a sindicalização e, em outras, onde funcionou como assessor, secretário ou membro ativo. Seu empenho junto aos profissionais que pretendiam segurança trabalhista através de uma entidade superior, foi de tal ordem que, para evitar intermediários tanto na parte jurídica, quanto econômica, nos estágios iniciais das associações, freqüentou cursos formadores de líderes sindicais, fora das faculdades.

A grosso modo, poderiam ser encaradas como cínicas suas atividades, mediando aparecimento de agrupamentos que eram conflitantes como o Sindicato dos Técnicos e o da Indústria, representando os produtores de cinema, principalmente nos anos 1960, quando o acirramento das esquerdas dividiu verticalmente, no Brasil, o empresário do trabalhador. Sérgio era partidário de atitudes flexíveis de ambos os lados, entendendo-se, aplainando posições melindrosas, procurando o ajustamento, nunca o confronto.

Propunha o entendimento pacífico das atividades, sem coerções, cada grupo lutando pelo que julgasse o melhor para seu trabalho. Sabia que de outra forma, nem a classe trabalhadora, nem a patronal exerceriam em toda a extensão o que deles se esperava. Bastava a luta que os dois grupos travavam contra a entrada indiscriminada e taxação simbólica do filme estrangeiro no Brasil.

O entrave para isso tudo era o desinteresse que perdurava a longos anos. De 1930 a 1945, a ditadura getulista infundiu a idéia de que ninguém precisaria perder tempo pessoal em ninharias constitucionais ou trabalhistas porque o governo pensava por todos.

Ao findar a ditadura em 1945, estávamos meio século atrasados em relação a qualquer assunto que esbarrasse com o direito dos assalariados, porque uma grande parte dos republicanos históricos – Campos Sales, Bernardino de Campos – Joaquim Murtinho, Prudente de Morais, eram latifundiários convictos e sabiam o que deveriam defender. Desde os primórdios, a República coibira qualquer manifestação de lavradores ou trabalhadores. Campos Sales usou força policial contra a greve dos cocheiros no Rio de Janeiro e o último representante da presidência na Velha República, Washington Luiz, proclamava que a questão social era um caso de polícia.

Urgia retomar o tempo perdido. Sérgio foi um dos que entenderam a questão de maneira mais profunda e a praticou da forma mais ativa. Em 1951, ainda na EAD, e fazendo figuração na Vera Cruz, tornou-se sócio da primeira agremiação que surgiu em São Paulo direcionada para área de cinema, a APC.

A Associação Paulista de Cinema era uma sociedade fundada e orientada por Alex Viany, Carlos Ortiz e Ortiz Monteiro entre outros. Ela se propunha defender os técnicos, artistas e produtores cinematográficos, indistintamente. Não poderia ter vida longa porque aceitava de Zampari a varredor de estúdio, de ator a colecionador de fotografia de Oscarito. No fundo, a proposta dos fundadores era catequizar politicamente quem assinasse o termo de associado. Definhou tristemente deixando, porém, o legado dos três primeiros congressos de cinema que o Brasil conheceu, dois em São Paulo e um no Rio.

Em livro que editamos em 1997, *Caminhos e Descaminhos do Cinema Paulista*, analisando a década 50, historiávamos: *Durante o 2º Congresso Brasileiro Cinematográfico a crise da produção atingia o auge. A Multifilmes e a Maristela sem nenhuma possibilidade de sobrevivência, pelo menos nos antigos moldes. A Vera Cruz, arrastando-se, lamuriando em tom maior, o único que ela conhecia, mesmo quando se tratava de empréstimo. Ninguém conseguia formar uma frase sem que ela viesse indefectivelmente acompanhada do Leão de Prata de* Sinhá Moça *ou o galardão ao* O Cangaceiro, *afinal um simples prêmio para Melhor Filme de Aventura. O desemprego era avassalador, com mais de 75% do pessoal de estúdio na rua e pelo menos metade do restante em via de sê-lo. Os laboratórios com a crise comprimiam despesas, isto é, despediam.*

Espantou na época, e quem sabe ainda hoje espantaria a muitos, que a um Congresso de tamanha importância, quem menos tenha comparecido e se empenhado na luta pelos seus direitos fosse o produtor. A maioria curvou-se a interesses imediatos que sempre lhe foram nocivos. Direitos já adquiridos eram negociados, cifras eram fraudadas quando o mais acertado seria ter aceitado lutar pelo já conquistado. Eles preferiram a migalha rápida à consolidação gradativa. Ainda em 1963, na CPI da Câmara dos Deputados, alguns exibidores eram acusados de não pagarem a porcentagem estabelecida por lei, apesar de nos recibos constar a quantia legal.

O que se viu então foi o técnico esquecer suas reivindicações específicas e lutar por leis e modificações que eram de competência exclusiva dos produtores. Basta ver-se a autoria dos projetos nos vários Congressos para logo percebermos o altruísmo de um lado e a coerção incapacitadora do outro. Sempre que o assunto tivesse relação com taxação de filmes estrangeiros, proteção para entrada de negativos e equipamento, aumento de dias obrigatórios para filmes nacionais, premiação, lei de contingente, fatalmente elas partiam de um técnico. Pouco se falou de salários, seguros, horários, pagamento de aposentadoria e institutos. Agostinho Martins Pereira levantou o problema da sindicalização no Primeiro Congresso e foi só.

Ségio apreendeu a situação pela qual passávamos e começou a inteirar-se dos sistemas cambiais, econômicos, trabalhistas, de distribuição e exibição. Grande parte destes problemas era detalhada por Jacques Dehezelins e Cavalheiro Lima em revistas especializadas de economia e, principalmente, por Flávio Tambelini, através do jornal Diário de São Paulo, no qual militava como crítico de cinema. Ainda hoje a luta não foi entendida, pois há décadas fazem elogios desmesurados e teses de doutorado sobre a defesa do cinema brasileiro mantida por Paulo Emílio Salles Gomes que, tardiamente repetiu tudo o que se havia falado e escrito a partir de 1953. Seus artigos analisando os problemas do cinema brasileiro apareceram somente após 1960, organizados com maior acuidade e isenção que a de Alex Viany, por exemplo. Aliás, é perceptível que os melhores trabalhos que escreveu sempre aconteciam após congressos, reuniões, conclaves ou festivais. Hingst, Agostinho Martins Pereira, Paulo Bueno e cremos que ainda outros funcionários da Vera Cruz, principalmente os estrangeiros que chegavam ao Brasil com formação sindical, inconformados com as atitudes da APC e, ainda mais, naquele momento, não mais contando com a presença de Alex Viany que continuava na antiga formulação completamente errônea, resolveram fundar uma nova associação para a defesa dos trabalhadores em cinema, ATACESP, Associação dos Trabalhadores e Artistas do Estado de São Paulo.

O convite para o comparecimento realizado por telefone ou carta, pedia expressamente que não fosse divulgada a notícia para que somente os escolhidos participassem da fundação e organização. Apesar de nada democrático, o pedido era exatamente o oposto da proposta da APC que precisava do maior número de participantes possível por abraçar caráter político-partidário, enquanto a ATACESP desejava uma pauta de assuntos trabalhistas e debater com alguns trabalhadores interessados no assunto para depois se expandir. A reunião aconteceu na sala de cinema do MASP, ainda na Rua 7 de Abril, com cinqüenta convidados. Todos trabalhando em cinema.

Era obrigação da associação abrigar também os atores e atrizes de cinema, enquanto estes não organizassem sua própria associação.

Nós e Hingst fizemos parte da primeira diretoria. Ela ganhou forma jurídica logo em seguida. Em 1959, quando da votação para a segunda diretoria, ele foi eleito presidente por unanimidade. Éramos segundo tesoureiro. Funcionávamos numa sala alugada na Rua Xavier de Toledo, precariamente instalados, o que nos obrigava a exercer outras atividades para pagar o aluguel.

Continuava presente para todos os que se interessavam pelos problemas do cinema, que o produtor não deveria ser nosso ponto de fixação, mas sim os problemas que sempre acarretaram a produção estrangeira. Por seu lado, os produtores logo após a fundação da ATACESP, emulados, fundaram a sua associação, a APICESP, Associação Profissional da Indústria Cinematográfica do Estado de São Paulo, futuro sindicato patronal. Sem nenhuma quebra de ética, pouco depois, Sérgio tornou-se secretário da nova associação. Durante anos as duas entidades funcionaram no mesmo local, na Rua Sto. Antonio, esquina com o Viaduto Major Quedinho. Pessoalmente sublocávamos uma das salas onde instalamos nossa moviola. Nesse local, em fevereiro de 1964, a ATACESP recebeu sua carta sindical assinada pelo Presidente da República, João Goulart, pouco antes do golpe de março. Para ajudar a rachar as despesas do aluguel, além da nossa participação, à noite funcionava o Seminário de Cinema, nesse momento, excluído do MASP.

Como representante da ATACESP, Sérgio participou do grupo de trabalho criado pelo Ministério do Trabalho, Indústria e Comércio que elaborou o anteprojeto de regulamentação da profissão de trabalhador e artista em cinema.

A ATACESP funcionava com alguma regularidade atendendo aos trabalhadores e artistas de cinema, mas era chegada a hora dos artistas fundarem sua própria associação para ganharem futuramente a sindicalização. Sérgio novamente coloca seus conhecimentos a serviço da profissão que ele exercia com prioridade, se bem, como veremos em seguida, trabalhando ainda em outras especializações relacionadas com o cinema.

Em 1961 funda-se a Associação Brasileira dos Atores Cinematográficos, tornando além de assessor técnico, 1° vice-presidente. Com a ATACESP inteiramente implantada, já era possível funcionar apenas com os participantes da diretoria. No mesmo momento, os produtores receberam a carta sindical, tornando-se Sérgio, secretário executivo do Sindicato da Indústria Cinematográfica, cargo que exercerá até 1981. Em 1962, ajuda a fundar a ABCM, Associação Brasileira dos Produtores de Filmes de Curta-Metragem, com nome e funções totalmente diferentes das praticadas hoje. Naquele momento, essa denominação englobava os produtores de filmes publicitários para a televisão, que era na realidade, a salvação dos que ainda desejavam continuar fazendo cinema. Para o filme publicitário migrarão os principais técnicos, diretores e produtores do cinema nacional. A única produção de filmes que operava com continuidade favorecendo os laboratórios, gravadoras e produtoras especializadas que haviam se aparelhado nos anos que tentávamos um cinema industrializado, gastando fortunas na compra de equipamento de alta qualidade. Dez anos depois, ela assumia outro formato, na Associação Brasileira dos Filmes Publicitários, mais de acordo com o que produziam. Em 1971, ajuda a fundar a Associação das Produtoras de Fonogramas Publicitários. Anos depois, participa da organização e fundação da Associação dos Modelos Profissionais do Estado de São Paulo, única a ter vida efêmera.

Sua capacidade de trabalho, aliada à visão abrangente que obtivera vivenciando os problemas do cinema diariamente, conduziu-o consciente ou não a outros empreendimentos.

Não encontrando saída econômica para seus altos débitos, Abílio Pereira usou o estratagema de transformar, em 1955, a falida Companhia Cinematográfica Vera Cruz, na Brasil Filmes. Ela usava o imóvel, equipamentos e técnicos da produtora fundada por Franco Zampari, mencionando outro nome, não precisando despejar a renda dos filmes que produziria a partir daí, para pagar os antigos buracos da Vera Cruz. Sérgio participou como ator em algumas destas co-produções, ingressando também numa nova função, Inspetor de Produção. O título pomposo resumia-se em ensinar e controlar os funcionários da Brasil Filmes que acompanhavam as projeções comerciais dos filmes da produtora, vigiando se todos os bilhetes comprados eram verdadeiramente dilacerados e jogados em seguida dentro da urna que ficava ao lado do bilheteiro, em todas as cidades. Não havia dúvida que esse era o principal ralo por onde escoava criminosamente parte da bilheteria do cinema nacional.

A vivência em cargo tão espinhoso colocou-o em dia com a realidade da evasão de dinheiro nas bilheterias do interior do País. O dono de um cinema de Campinas era conhecido em todas as produtoras, nacionais ou estrangeiras, pela capacidade de comprar a consciência dos fiscais mandados pelas produtoras. Sérgio foi pessoalmente supervisionar um filme da Brasil para que não houvesse fraude.

O dono do cinema, sem o menor escrúpulo, tenta comprá-lo. Ele apresenta-se como fiscal dos fiscais afirmando que estava ali exatamente para impedir as traquinagens costumeiras. O imprudente dono não teve o menor pejo, oferecendo uma quantia maior a Sérgio, *porque eu sei que o senhor é chefe dos outros.* No ano seguinte pede transferência para outro setor, chefe publicitário da Brasil Filmes.

Em 1957, o Seminário de Cinema do Masp, assim como todo o acervo, migrou para as dependências da Fundação Armando Álvares Penteado, no Pacaembu. Os cursos profissionalizantes de História da Arte, Professores de Desenho, Manequins também se abrigaram na FAAP. A mudança exige um secretário para o curso, e Hingst era um dos mais capacitados, porque o Seminário ministrava duas especializações: técnicos e interpretação. Enquanto o Seminário ficou sediado na nova casa, Hingst o secretariou.

Quando, em 1961, o Ministério do Trabalho, Indústria e Comércio começou a estruturar legalmente o nascimento da sindicalização, Sérgio permaneceu, durante todo o tempo da elaboração do documento, como representante das associações dos técnicos e dos artistas, mais uma vez deixando patente o quanto era conhecedor e digno de confiança dos colegas das duas agremiações, agora separadas.

Por longo tempo foi membro ativo da campanha pela emancipação do cinema nacional, coincidentes com o nascimento de associações de defesa e conceituação de técnicos e artistas. A campanha termina em 1963 quando, por influência e trabalho de sapa dos que escreviam em jornais, revistas, rádio e televisão, o Instituto Nacional do Cinema Educativo, criado pela ditadura Vargas, é reestruturado dando nascimento ao Instituto Nacional do Cinema. Em conseqüência das novas determinações o Instituto passaria a ter delegacias nas principais capitais do País. Em São Paulo assume Jorge Ileli que imediatamente chama Hingst para secretariá-lo.

Em 1968, representava tanto artistas como técnicos perante a Divisão de Espetáculos e Diversões do Estado de São Paulo. Voltou a ser secretário da Associação das Produtoras de Filmes Publicitários e da Associação das Produtoras de Fonogramas Publicitários, fato que demonstra o quanto era competente e ativo nessas atribuições.

Quando estas associações finalmente conseguiam se transformar em sindicatos, Sérgio pedia demissão por imaginar que sua ação já estava concluída. Em apenas duas Sérgio continuou por mais tempo: no Sindicato da Indústria Cinematográfica permaneceu até 1981 e na de Fonogramas, até 2000. Desta última, com a saúde bastante abalada, por vezes tendo sido medicado na UTI, foi retirado do cargo por determinação médica. Não bastasse toda a atividade como ator, representante de entidades, ainda encontrava tempo para escrever para o jornal *Cruzeiro do Sul*, da sua cidade natal, e incentivar um Festival de Cinema Sorocabano. Foi consultor da Revista Fototeste.

MINISTÉRIO DA EDUCAÇÃO E CULTURA
INSTITUTO NACIONAL DO CINEMA

CONTRATO DE TRABALHO

Nº INC ....

Pelo presente instrumento de contrato de trabalho, o INSTITUTO NACIONAL DO CINEMA, daqui por diante designado como INC - e o Sr. SERGIO HINGST, qualificado no verso dêste documento doravante - mencionado sòmente como CONTRATADO, têm justo e contratado com base no Decreto nº 50.314, de 4 de março de 1961 e da autorização constante do processo nº 42.255/67-MEC, o seguinte:

1 - O CONTRATADO trabalhará para o INC na função de DELEGADO ESTADUAL do Instituto Nacional do Cinema no Estado de São Paulo, obrigando-se a cumprir fielmente as disposições legais inerentes à respectiva função, bem como atender aos regulamentos, ordens de serviço e tudo mais que venha a ser expedido e que se enquadra em suas atribuições;

2 - O CONTRATADO reconhece que poderá ser localizado em qualquer parte do Brasil, a critério da autoridade competente, independentemente de qualquer consulta ao CONTRATADO; e que poderá vir a ser submetido a prova competitiva a qualquer tempo;

3 - A remuneração devida ao CONTRATADO será de NCR$511,50 (QUINHENTOS E ONZE CRUZEIROS NOVOS E CINCOENTA CENTAVOS), pagos mensalmente, de conformidade com a Tabela de Pessoal Temporário dêste Instituto, aprovada por despacho do Ministro da Educação e Cultura em 12-6-1967, e publicada no Diário Oficial Seção II, de 12-7-1967, página 1658.

4 - O CONTRATADO declara, para os devidos fins que não - exerce outro emprêgo ou função pública que implique em acumulação proibida;

5 - O presente contrato que será regido pela Consolidação das Leis do Trabalho, terá vigência no período de 17-8-1967 a 31-12-1967, podendo ser reciprocamente prorrogado ou rescindido.

6 - E por estarem justos e contratados, assinam o presente em duas vias, para um só efeito, subscrevendo pelo INC o seu Presidente.

Rio de Janeiro, 23 de agôsto de 1967.

Testemunhas:

Durval Gomes Garcia
-Presidente-

SECRET. DE ESTADO DOS NEGÓCIOS DA SEGURANÇA PÚBLICA
DEPARTAMENTO DE ORDEM POLÍTICA E SOCIAL
DIVISÃO DE RADIODIFUSÃO

REGISTRO N.º 3.547

ASSINATURA DO PORTADOR

CINEMATOGRAFICA Brasil FILME LTDA.
RUA MAJOR DIOGO, 666 — Fones
SÃO PAULO

O Portador SERGIO HINGST
CINEMATOGRÁFICA BRASIL FILME LTDA.

é funcionário desta firma no cargo de Distribuição

3 / 11 / 1956
DATA

DIRETOR

Sindicato dos Artistas e Técnicos em Espetáculos de Diversões no Estado de São Paulo - Fone 34-4969

Fundado em 18-12-1934. Reconhecido pelo Ministério do Trab. Indústria e Comércio em 25-2-1942 e carta expedida pela lei 4.641 de 27-5-65.

O Sr. SERGIO HINGST

(ATÔR

é sócio 407 deste Sindicato

PRESIDENTE

SECRETÁRIO

Exemplos da intensa atividade profissional

ASSOCIAÇÃO PROFISSIONAL DOS TRABALHADORES
NAS INDÚSTRIAS CINEMATOGRÁFICAS DE SÃO PAULO
NOME SERGIO HINGST
Secretário
DATA
ASSOCIADO N.º
PRESIDENTE
VÁLIDO SÔMENTE ACOMPANHADO DO RECIBO DO MÊS

associação brasileira dos atores cinematográficos
FUNDADA EM 16 - 9 - 61
NOME Sergio Hingst
1
16 9 61
DATA
PRESIDENTE

SINDICATO DOS ARTISTAS E TÉCNICOS EM ESPETÁCULOS
DE DIVERSÕES DO ESTADO DA GUANABARA
NOME ARTÍSTICO SERGIO HINGST
PROFISSÃO ATOR
SÓCIO EFETIVO
MATRÍCULA N.º 1202
EM 05 DE julho DE 1973
PRESIDENTE
SECRETÁRIO

O costume de premiar filmes com dinheiro ou troféus começou com o fim da ditadura getulista. A partir de 1946, os cariocas incentivaram as premiações, por vezes concedidas por governos estaduais ou municipais ou pela Associação de Críticos.

Com o deslocamento de parte da produção brasileira para São Paulo, simultâneo ao aparecimento da Vera Cruz, Maristela e Multifilmes, inicia-se a fase da premiação ao pessoal de cinema e teatro com a estatueta O *Saci*,

modelada por Brecheret e oferecida pelo jornal O Estado de S. Paulo. Anos depois a prefeitura e o governo estadual também premiavam, porém, em dinheiro. Sérgio Hingst foi agraciado com todos eles, pelo menos uma vez.

Prêmios

1958

Saci – ator coadjuvante - *Estranho Encontro*
Governador do Estado – ator coadjuvante – *Estranho Encontro*

1959

Governador do Estado – melhor ator- *Sob o Sol da Bahia* e *Ravina*

1960

Saci – ator coadjuvante - *Na Garganta do Diabo*

1966

Instituto Nacional de Cinema – ator coadjuvante – *As Cariocas*

Governador do Estado – ator - *O Quarto*

1968

Instituto Nacional de Cinema – ator- *O Quarto*

Air France – ator- *O Quarto*

1969

Festival de Cinema S. Carlos- ator- *Adultério à Brasileira*

1970

Prêmio Pelé de Ouro (Santos) - ator- *As Gatinhas*

Coruja de Ouro – ator – *As Gatinhas*

1972

Campinas - ator- *Sinal Vermelho*

Governador do Estado – indicação para ator - *Maria... Sempre Maria*

1977

APCA - indicação para ator - *Aleluia Gretchen* e *Internato de Meninas Virgens*

1978

Coruja de Ouro – indicação para ator - *Aleluia Gretchen*

Filmes dos Anos 50
Vera Cruz, Khouri, Biáfora

Por ser longa e importante, a carreira cinematográfica de Sérgio Hingst será analisada por décadas. Ela acompanha as mutações que o cinema nacional assume, participando dos fenômenos políticos, sociais e artísticos ao longo dos últimos cinqüenta anos do século XX.

Após cursar durante dois anos a EAD, Sérgio resolve aceitar o profissionalismo. A palavra aceitar precisa ser entendida no contexto em que se realizou. Alfredo Mesquita não tolerava que o aluno se profissionalizasse durante o curso. Ele entendia, e com muita razão, que o profissionalismo interferia no aprendizado do aluno. Outros se portariam exatamente ao contrário, colocando os alunos na ribalta para sentirem o dia-a-dia. Mesquita só admitia isso nos exames anuais, quando eles se apresentavam em público. Muitos são os exemplos de alunos que, possivelmente para superar problemas econômicos, abandonaram a escola para ingressar rapidamente no palco profissional. Para Mesquita assimilar a atitude tomada por Sérgio, era ainda mais constrangedor, porque este optara por enfrentar a câmera, coisa que não era lá muito edificante, tanto que a EAD nem cogitava preparar alguém para esta especialidade de interpretação. Para Mesquita, mesmo em se tratando da Vera Cruz, que sempre manteve grande dignidade para com os intérpretes, a missa deveria ser entoada na catedral que atendia pelo nome de TBC.

Sérgio, por seu lado, optou por profissionalizar-se no primeiro veículo que apareceu, tentando abandonar as massas e as agências.

Ele preparara-se para profissionalizar-se e pretendia levar adiante o sonho. Dali para a frente, toda a vez que ele fizer teatro com a EAD será com o rótulo de colaborador, de ex-aluno que não completou o ciclo. Ironicamente, o mesmo homem que mudara o panorama profissional do teatro paulistano seria Franco

Zampari, que consolidaria a Companhia Cinematográfica Vera Cruz. A chegada do cineasta brasileiro Alberto de Almeida Cavalcanti deflagrou a reviravolta do cinema paulista. Os últimos anos do cinema mudo foram muito propícios aos paulistas. Este cinema crescia quantitativamente, produzindo alguns clássicos que poderiam igualar-se aos europeus e americanos, como *São Paulo Sinfonia da Metrópole, Fragmentos da Vida, Filmando Fitas, O Guarany Escrava Isaura, Piloto 13* e muitos documentários. A chegada do sonoro decepa verticalmente as pretensões. Apenas a Cinédia, no Rio de Janeiro, terá fôlego para encarar as problemáticas de aumento de orçamentos provenientes do filme sonoro. As poucas tentativas de longa-metragem após 1930, realizadas pelos paulistas, tinham seus exteriores, sem diálogos, filmados em São Paulo, sendo completados na Cinedia. Isso durante as décadas de 30 e 40.

A chegada de Cavalcanti e o arrojo do engenheiro Zampari, tentando equiparar a indústria cinematográfica à altura do que estava conseguindo o parque industrial paulista no campo da mecânica, tipografia e tecelagem, desde o fim da II Guerra Mundial, modificam verticalmente o panorama. Portanto, os sonhos de Sérgio iriam concretizar-se, porém não teatralmente, como fora desenhado.

A primeira aparição na tela será em *Ângela*, simplesmente numa figuração. Como a Vera Cruz começara por onde muitas outras produtoras cinematográficas nem conseguiram terminar, os estúdios estavam sendo edificados enquanto as filmagens do primeiro produto, *Caiçara*, estavam em produção em Ilha Bela. O mesmo acontecerá com o segundo, *Terra É Sempre Terra*, ambientado numa fazenda de café desativada há anos, perto de Campinas. *Ângela* teria Pelotas como sede. Durante suas filmagens sucederá uns dos motivos do colapso que a companhia conhecerá logo mais. Cavalcanti será destituído do cargo, assumindo Zampari. O simples fato de um figurante sair de São Paulo para filmar no Rio Grande do Sul, aclara apenas no capítulo orçamentário, as imprevidências que a Vera Cruz atravessava. Mas o ambiente encantado dos estúdios e a mítica do nome Vera Cruz foram suficientes para que na volta, ele aceitasse o convite de Abílio Pereira de Almeida para ser 2º assistente de direção do filme de Mazzaropi, *Nadando em Dinheiro*. Outra pequena aparição como ator foi cortada na montagem. Portanto, é como técnico que seu nome figura nos letreiros.

Desço a Rua Major Diogo no sentido da Rua Sto. Antonio, devia estar vindo da Vera Cruz ou da Associação Profissional da Indústria Cinematográfica que estava instalada ao lado do prédio da Vera Cruz/TBC, aliás, em local cedido pela Vera Cruz. Quase na esquina da Sto. Amaro, ao lado da União Cultural Brasil-Estados Unidos, no ponto do ônibus estava Oswald de Andrade. O que estaria fazendo ali? Eu o conhecia somente através de fotos de jornais.

Não me lembro se nessa época já conhecia o Ruda, seu filho, pessoalmente. Quando da sua morte, e depois, ficou sempre aquela imagem, primeira e única vez que vi de perto essa figura tão famosa e contraditória. Eu o teria visto no barzinho do Museu de Arte Moderna na Rua 7 de Abril? O que estaria fazendo Oswald de Andrade num ponto de ônibus da Bela Vista? Anos mais tarde, fico sabendo que Oswald de Andrade morava na Ricardo Batista, esquina da Major Diogo, em cujo prédio eu sempre encontrava o Lima Barreto no restaurante que ali existia.

Sérgio engana-se quando imagina estar voltando da Associação. Ela só passaria a existir anos depois. No cinema, em *Tico-Tico No Fubá* sua aparição também é fugaz, no meio do circo.

Ascenso Ferreira, um homem alto (homenzarrão assim pensei logo que o vi). Algumas pessoas no Nick Bar. Lima Barreto estava presente, falando alto como sempre, ainda estávamos sob o impacto do sucesso de O Cangaceiro, *nesse tempo ainda não privava da amizade de Lima Barreto. Lima apresentava Ascenso, falava de Ascenso e para Ascenso. O Nick Bar era o ponto de encontro de todos em São Paulo, principalmente das pessoas ligadas a qualquer atividade artística. Assim conheci Ascenso de perto. Eu a ele e não ele a mim. Roupa antiga como era do seu feitio, pelo menos sempre o vi assim nas fotografias. Chapéu de abas largas. Não me lembro se estava de chapéu na cabeça dentro do Nick Bar. Menestrel do povo dos Canaviais e dos alagados, intérprete das tradições do Nordeste, assim se referiu a Ascenso Ferreira, Olímpio Bonald em texto publicado no*

Suplemento Literário do OESP, 20-02-83. Eu estava lá.

Carlos Thiré estava sendo preparado pela Vera Cruz para substituir os diretores estrangeiros que tanto amolavam os críticos brasileiros. Com a saída de Cavalcanti, ele e a esposa Tônia Carrero foram contratados pela produtora. Era artista plástico, amante do mar e barcos. Durante as filmagens de *Nadando em Dinheiro*, Thiré ascendeu a co-diretor com Abílio Pereira de Almeida, e ali conheceu Sérgio.

Sérgio irá confessar bem mais tarde que, quando Thiré foi confirmado para dirigir *Luz Apagada*, empregaria na base do seu argumento uma das tantas histórias marinhas que ele ouvira nas perambulações que adorava fazer com seu barco. Como já haviam trabalhado juntos na parte técnica, o primeiro convite foi para Hingst assistí-lo. Junto, entregou-lhe o roteiro convidando-o: *"Aí tem um papel para você. É o sargento que acompanha o capitão do forte"*. Sérgio ficou aceso e narra que naquela noite deve ter lido umas trinta vezes sua participação. Contrariamente ao primeiro filme, agora ele é citado apenas como ator, mas foi também 1° assistente; o futuro diretor Geraldo Santos Pereira, que também tem uma participação, não é citado no elenco. Rubem Biáfora e os outros poucos que o salientaram de imediato como uma grande promessa devem ter notado o cuidado que ele emprega em toda a situação, ora com o olhar, ora com um movimento. Pode mesmo ser encarado como preciosismo supérfluo, para atrair atenção, em toda oportunidade em que está enquadrado. Se retirarmos o volume do som do projetor ou do vídeo ao assistirmos *Luz Apagada*, e atentarmos apenas para os atores, constataremos que ele é o único que disputa. Seu personagem é incidental, isto é, se for retirado do argumento o filme continuará o mesmo. O diálogo nada reserva de especial para ele, mas assim mesmo é uma estréia promissora. Biáfora o saudará como grande revelação, confessando para os íntimos que surgira um ator universal no cinema brasileiro, opinião que manterá por toda a vida.

Simples, despojado, diria até humilde, assim senti e convivi por algum tempo com o pintor Antonio Gomide. Participava da cenografia do filme Luz Apagada, que estava sendo realizado na cidade de Angra dos Reis. Eu, segundo assistente de direção e ator do filme. O velho Jeep inglês que rodava com a gente para baixo e para cima nas ruas de Angra dos Reis. Confesso que nessa época não sabia direito da importância do Gomide como pintor. Estive no seu ateliê num grande churrasco preparado pelo Sady Scalante.

Intervalo de filmagens de Luz Apagada

Luz Apagada,
com Xandó Batista

É um dia de folga. Estamos filmando Luz Apagada *em Angra dos Reis. Vamos pescar mero em frente à Ilha Grande. Barco alugado. Que eu saiba, ninguém era de fato pescador de arpão. Mergulha o Victor, Thiré. Eu pulei na água mas voltei em seguida. Para quem conhece aquelas águas límpidas sabe que dava para ver visivelmente a dez metros de distância. Logo que senti a sombra do bicho saí da água. Alguém pegou, não me lembro quem. Peixe pequeno. De pescaria nada. Comemos e bebemos bastante. Tenho foto desse dia. Presentes Carlos Thiré, diretor do filme, Geraldo Santos Pereira, primeiro assistente de direção, Victor Merinov, maquilador e fez ponta também.*

Floradas na Serra, em 54, significava o fim do caminho, do sonho. Sérgio agarrava-se a tudo que aparecia para continuar atuando. Em mais outro grande erro de produção, a Vera Cruz havia colocado parte do TBC na tela, não em pequenas aparições como vinha acontecendo mas, por inteiro, com tudo que havia de bom e pernicioso para o cinema.

Filmagens de Floradas na Serra

Sempre houve ressentimentos e futricas entre os funcionários de Zampari que atuavam no TBC e na Vera Cruz, dando por vezes a impressão que pertenciam a empresas inimigas. Possivelmente Zampari pretendia romper com estas diferenças. Os problemas econômicos da produtora e do TBC avolumaram-se de tal ordem que ele foi obrigado, no meio do caminho a cortá-los.

Floradas na Serra foi começado com Sérgio num alto cargo da produção. No meio das filmagens foi chamado a São Paulo e avisado que, a partir da semana seguinte, as filmagens não teriam continuidade. Por longo tempo foram paralisadas e, quando retomadas, ele não mais fazia parte da equipe. Aquele trenzinho desaparecendo na curva na última tomada do filme era premonitória. Ali acabava o sonho de Zampari.

Em 1955, quando contratado da Record, fui convidado para participar do filme Sob O Céu da Bahia, *filmado em cores. Que eu me lembre seria o segundo filme de enredo colorido feito no Brasil. O primeiro foi realizado pela Maristela*

(Hingst engana-se, foi a Multifilmes) *justamente com iluminação de Corel e direção de Ernesto Remani, agora produtor e diretor de* Sob O Céu da Bahia. *O único ator profissional era eu. Os demais eram todos da Bahia, a não ser a atriz, Maria Moreno, naquela oportunidade casada com um americano.*

Hoje é quase impensável pretender assistir a uma cópia do filme *Sob o Céu da Bahia*. Filmado com capitais internacionais, negativo e cópias devem estar na Europa, quiçá, América do Norte. A opinião é de quem assistiu ao filme na época. Nada havia de muito bom ou muito ruim. O acadêmico acomodado Ernesto Remani, com quem eu trabalhara no primeiro filme da Multifilme, *Destino Em Apuros*, continuava acadêmico e acomodado. O filme caminhava sozinho, com Corel enquadrando, fotografando e dirigindo na moita. Lembro de interpretações canhestras, praticamente amadoras. Sérgio destoava de tudo. A rudeza do corpo casava perfeitamente com o tipo que encarnava. Até ali, nenhum ator do cinema brasileiro, nem

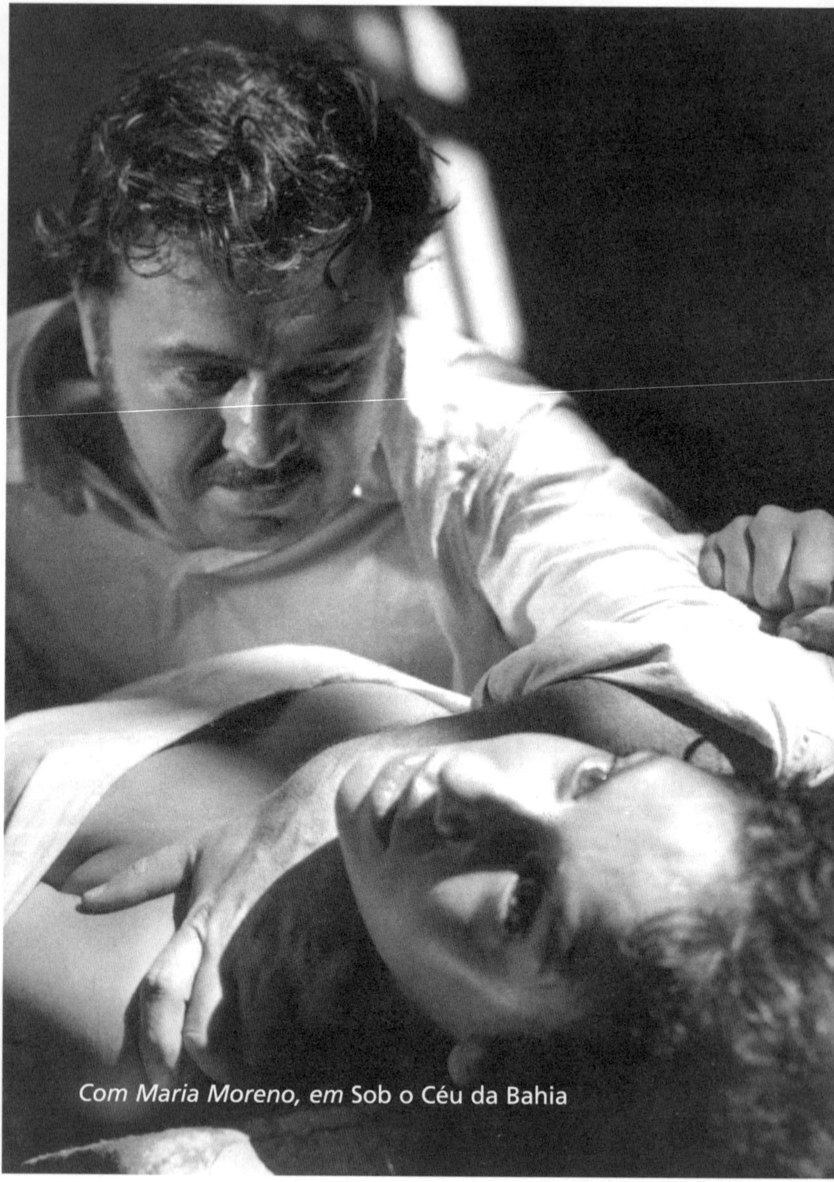

Com Maria Moreno, em Sob o Céu da Bahia

mesmo em *Ganga Bruta*, fizera uma posse sexual crua e ao mesmo tempo despojada, onde apenas intervinha a interpretação. Não foi um bom ano em matéria de interpretação para o cinema brasileiro. Sérgio ganhar todos os prêmios não deve ter sido coisa difícil mas, indiscutivelmente, meritório.

VIAGEM NÃO REALIZADA

O bilheteiro do Teatro Brasileiro de Comédia me dá o recado de que o Corel me telefonou da Alemanha. Marcou hora para ligar de novo. Recebo o telefonema. O Corel me convida para participar de um filme no qual evidentemente teria alguma participação. Quinze dias de filmagem e quinze dias descansando em propriedade de sua família. Passagem de ida e volta e pequeno pagamento. Era uma boa naquela oportunidade. Eu teria de conseguir uma roupa igual à que usei no filme Sob O Céu da Bahia, *tirar passaporte imediatamente e aguardar telegrama confirmando ou anulando tudo. Tirei passaporte. A resposta foi negativa.*

Cenas de Sob o Céu da Bahia

O fim do sonho de um cinema industrial que pudesse equiparar-se ao parque industrial paulista acabara. Restavam apenas três grandes estúdios, um grupo de técnicos de alto gabarito, como nunca o cinema brasileiro tivera até ali. Dois laboratórios de processamento de negativo e cópias bem equipados e que logo mais trabalhariam em cores. O Banco do Estado de São Paulo que havia assumido as dívidas da Vera Cruz temia pela estagnação, mais do que pela possível perda de tudo que havia empatado. Pela primeira vez um banco abriria uma carteira para cinema. Isso mudou o panorama da produção paulista. Se todos reclamavam que no cinema paulista apenas os diretores estrangeiros eram brasileiros, a amargura dos novos tempos possibilitou que os ex-assistentes de direção subissem de posto instantaneamente. Rapazes que em outras situações ainda permaneceriam por longos anos em cargos subalternos, tinham agora o caminho aplainado, pronto para ser galgado. Será a vez de Walter Hugo Khouri, Roberto Santos, Galileu Garcia, Agostinho Martins Pereira, Carlos Coimbra, Luis Sérgio Person.

Apesar de Walter Hugo Khouri ter realizado apenas um filme até aquele momento, *O Gigante de Pedra*, produção que se arrastou por mais de dois anos com 7 fotógrafos diferentes, outro longo tempo na montagem, era com certa expectativa que se esperava *Estranho Encontro*. Pedro Lima, em depoimento da época, confessa que, quando o indagaram qual o filme brasileiro que deveria representar o Brasil no festival de Hollywood, escolheu por antecedência *Estranho Encontro*, por encontrar em *O Gigante de Pedra* algumas preocupações estilísticas diferentes das que perseguíamos.

Cenas de Estranho Encontro, *com Mário Sérgio e Lola Brah*

No intervalo, Khouri conseguira manter certa áurea por ter praticado televisão, pela cultura invejável conseguida apesar da pouca idade que tinha, pela distinção e fidalguia para com todos. Freqüentador do grupo de Biáfora, era um fanático do expressionismo alemão, conhecedor do filme B americano e, desde o 1º Festival Internacional de Cinema de São Paulo, em1954, onde estreara seu primeiro filme, lançador oficial de Ingmar Bergman no Brasil.

Havia um grupelho que o seguia como guru, bebendo seus ensinamentos sofregamente. Entre esses, Hingst. Portanto, a construção do personagem que interpreta em *Estranho Encontro*, foi pensado no seu biótipo e, cremos, até com a participação do próprio Sérgio. Khouri nos afirmou várias vezes que as características físicas de Sérgio o aproximavam dos personagens rudes, serviçais. No filme ele interpreta um caseiro venal, chicaneiro, intrujão.

A construção do filme assemelhava-se a um suspense americano. Não foram poucos os críticos que o aproximaram de Hitchcock quando, na verdade, as citações deveriam caber a Val Lewton, Fritz Lang e alguns diretores de nenhuma expressão para quem só desse atenção para o que vinha dogmificado no *Bianco e Nero*, *Sight and Sound* e *Cahiers du Cinema*. Todos citam Bergman, e com razão, mas se houvessem assistido *Gigante de Pedra*, veriam que redes, espelhos, lagos, e boa dose de sadismo já estavam presentes. Ele não assimilou Bergman pelos neologismos, mas porque era uma amplificação do que ele pensava.

Sérgio Hingst conhecia e freqüentava esses nomes e gêneros. De todos os intérpretes do filme, é quem melhor assimila o desejado por Khouri, afora o rápido e extraordinário desempenho de Luigi Picchi, estupendamente dublado por Fernando Baleroni. Na segunda seqüência em que aparece, quando na mesa de jantar disputa com Mário Sérgio, despeja rancor e ódio sobre os não se apiedam com os sofrimentos de subalternos e empregados. Será que o Cinema Novo alguma vez conseguiu chegar assim próximo da condição humana?

Sérgio colabora eficazmente para o clima de apreensão e desconfiança, de gato e rato. A impostação satânica que imprime, espionando o casal e criando empecilhos para o personagem de Mário que só sabe responder com insultos, sustenta o filme por algumas seqüências.

Seu último momento, ajoelhando, tentado recolher do chão o cheque rasgado que tanto significaria para ele, torna-se referencial no cinema brasileiro. Digno de Edmond O'Brien.

Seriam 19 horas. Algumas pessoas no Nick Bar. Garção, o Raul gerente, eu sentado na mesa do fundo, lugar em que sempre ficava, quando tinha pouca gente ou no inicio da noite, para conversar com o Raul. Entra Glenn Ford com o Joe Kantor, dono do Nick Bar. Puxa, pensei, mais alto do que imaginava. O Joe fez uma referência, qualquer coisa como esse é nosso amigo ou possivelmente não deve ter dito nada, pois sabia que eu não falava inglês. Um aceno de cabeça do Glenn Ford, ao qual eu respondi com aceno também, tudo muito rápido, saiu como entrou. O Glenn estava no Brasil participando de um filme B ou, possivelmente, classe C. Era um filme que tinha touros, etc., e estavam filmando no Guarujá. Pelo que sei filmaram pouco e foi interrompido. O diretor era um especialista em filmes de tourada, Bud Boetticher.

Hingst refere-se ao filme, *O Americano/The Americano*, 1955, produção do respeitado produtor americano, Robert Stilmann, iniciado por Boetticher e terminado por William Castle. Além de Glenn Ford, participavam César Romero, Sarita Montiel (esta substituída em Hollywood por Ursula Thiess). Entre os brasileiros, Tônia Carrero, Maria Fernanda, Luigi Picchi e Mário Sérgio, portanto, parte de *Estranho Encontro* (ninguém ficou na versão final da fita). A produção enfrentou problemas e má fé de toda ordem, fazendo com que os americanos trocassem a Vera Cruz pela Multifilmes para, finalmente, terminá-la no México.

Em Ravina, Sérgio Hingst teria a primeira grande oportunidade de provar tudo que dele se esperava. Seria dirigido por Rubem Biáfora, que o havia promovido através do jornalismo. O personagem havia sido escrito para ele, no formato do que Biáfora julgava ser o estilo cinematográfico americano quando se tratava dos grandes ícones, tipo Greta Garbo, isto é, medindo o que eles mostravam de melhor e desprezando o pior. A produção, porém, apresentou-se repleta de incidentes pessoais, gerando litígios entre o diretor e Eliane Lage, e até com Sérgio. De qualquer forma será um dos altos momentos da interpretação masculina do cinema brasileiro. Inteiramente contrastante com o que era preconizado por Alex Viany, Nelson Pereira dos Santos e por isso mesmo, demonizado. A linha seguida rigidamente por Sérgio seria a do neo-expressionismo que Biáfora pregava. A diferença do estilo de Sérgio com relação aos outros intérpretes pode ser sentida inclusive dentro do próprio filme. Eliane, por mais que se empenhasse – pelo menos é isso que acreditamos - nunca atinge o pretendido por Biáfora. Ela segura o globo terrestre como o teria feito Bárbara Stanwyck em sabe-se lá que filme, mas fica na imitação do gesto, não na

Nesta e nas próximas páginas, cenas de Ravina

Em Ravina, *com Eliane Lage, Pedro Paulo Hatheyer, Ruth de Souza e Victor Merinow*

dramatização. O diálogo de ambos, no início do filme, é prenunciador do que veremos depois.

À medida que o drama caminha, o personagem de Sérgio desestrutura-se, e isso ele administra com eficiência, acima dos outros todos, apesar de ter contra ele um diferencial importante, compondo um personagem característico, vinte anos acima da sua idade biológica. Nesse momento ele contava 33 anos e personagem, no mínimo, 50.

A propósito do livro de Maria Rita Galvão, Burguesia e Cinema, O Caso Vera Cruz, *que a título de um verdadeiro levantamento sobre a Vera Cruz, o que fez, infelizmente, em que pese sua boa intenção, foi um amontoado de acusações, no meu entender, sempre forçando um pouco as palavras escolhidas, para levar sempre à conclusão que era uma casa de Maria Joana, mesmo se considerarmos que os entrevistados, realmente disseram ali o transcrito. Acredito mesmo que a maioria, não todos, na empolgação de dar sua versão daquele momento do cinema nacional e, me incluo entre eles, não tinha, como parece no livro, a intenção de tripudiar sobre aquela experiência profissional que foi tão importante, e que as gerações posteriores não chegaram a conhecer. Se erros houve, o saldo para os profissionais que participaram da Vera Cruz foi positivo. No caso do meu depoimento aconteceu o que eu não previa. Algumas frases, não muitas, que ligam alguns trechos do depoimento, aplicadas em minha boca, deixam o depoimento em consonância com os objetivos do livro, ou seja, uma espinafração geral, que não era minha intenção, para alimentar a autora a analisar e, no caso com a cumplicidade de Jean-Claude Bernardet, a burguesia paulista, que no entender deles, queria brincar de cinema. Os depoimentos estão lá, mas daí, tirar ilações com segundas intenções é outra história. Enfim, intelectualizar o assunto para dar margem a mais um livro de cinema. Quando se analisar a estória do filme erótico no cinema brasileiro poderemos, também, analisar a história da literatura cinematográfica do cinema brasileiro.*

A propósito, cabe aqui registrar o que disse um profissional do Rio de Janeiro em certa ocasião: Quando se escrever a verdade sobre o movimento do cinema citando a participação de cada um com detalhes, será um deus-nos-acuda, tal era a brincadeira, o deboche, a irresponsabilidade, tudo em nome de uma mística que era o intelectualismo da esquerda festiva, que posteriormente foi exposto e analisado por alguns dos participantes daquele movimento.

Dizia esse profissional que: Se um dia se escrevesse a verdade sobre o que foi aquilo, todos iriam cair no ridículo.

Filmes dos Anos 60

Os Difíceis Anos 60

O fim dos anos 1950 e primeiros anos dos 1960 serão de perplexidade para o cinema brasileiro. Falira redondamente o sonho de levantar um cinema industrial, nos moldes do americano e do inglês. A substituição do vigente por outro financiado pelo Banco do Estado aos poucos também se mostrara frágil. A situação tornara-se ainda mais premente quando a Atlântida carioca começou a dar os primeiros sinais de que também seu sistema começava a ruir.

Luiz Severiano Ribeiro conseguira formar um truste, comprando a Atlântida dos Burles, em 1947. O truste acabara de ser condenado na América do Norte pelo Superior Tribunal Federal, pois eliminava a competitividade, ou seja, demolia um dos pilares do capitalismo.

Ironicamente, estávamos sempre uma década atrasados, e isso começou a vigorar na Atlântida exatamente quando lá fora rachava-se o sistema de estúdio, fendendo o cinema americano que nunca mais se recomporia.

As chanchadas, que por longos anos identificaram um grande segmento do povo brasileiro com o cinema, começavam a fazer água porque a televisão aparecera com um substituto caseiro ao qual inclusive Sérgio esteve ligado como ator ou técnico, enquanto foi assistente de Thiré no *Noite de Gala*. Mesmo o rei da chanchada, Watson Macedo não mais conseguia facilmente reunir capitais para seus filmes anuais. A única esperança vinha de São Paulo com as produções de Mazzaropi. A Brasil Filmes, na qual Sérgio trabalhou duplamente, como ator e funcionário administrativo, terminava lentamente seus dias.

As primeiras experiências coloridas indicavam o quanto uma produção dessa ordem encareceria o orçamento com a novidade. Repentinamente o cinema muda de local, domiciliando-se provisoriamente onde nunca estivera: Bahia. Primeiramente Roberto Pires, depois Luis Paulino e Glauber Rocha, e mesmo sulistas como Nelson Pereira dos Santos, Walter Lima Jr. e Trigueirinho Neto, e o sucesso mundial de *O Pagador de Promessa*, de outro sulista, Anselmo Duarte. Com o Cinema Novo, pela primeira vez, o cinema brasileiro apresentará teóricos como praticantes da produção. Universitários na maioria, jornalistas, alunos de cinema formados no exterior. Uma geração com preocupações inteiramente diferentes das que sempre estiveram à testa do nosso cinema.

Assisto à apresentação de Deus e o Diabo na Terra do Sol, *em São Paulo, no Cine Windsor. No saguão, de passagem, o Luis Paulino me apresenta ao Glauber. Foi a única vez, que me lembre, de ter visto o Glauber pessoalmente. Sobre o Glauber o Luis Paulino contava coisas não favoráveis, pois o primeiro filme de Glauber,* Barravento, *divulgado em São Paulo pelo incansável Caio Scheiby tinha roteiro do Luis Paulino dos Santos dos seus tempos de Bahia.*

Tenta-se a co-produção com a Itália, França e Alemanha. Aprofundando o que fizeram os independentes de São Paulo, vai começar o Cinema Novo, praticado por jovens, com pequenos orçamentos, pouco se importando com acabamento requintado, mas aplicando uma temática explosiva, evidenciando que a esquerda tornou-se dogma de fé, com mensagem social, tentando doutrinar os menos favorecidos com o cinema, isto é, arregimentando com a imagem, porque a maioria da população é analfabeta. Um trabalho de missionário jesuíta. Em pouco tempo ele esgota-se – três anos, segundo Glauber Rocha - e o lar volta ser o Rio de Janeiro, mesmo para os baianos. O público retrai-se por inteiro desistindo do cinema brasileiro que não mais lhe oferece o desejado. O filósofo carnavalesco proclamava, *"povo não quer ver lixo, quer luxo"*. As bilheterias provaram. Mazzaropi será a exceção, não apresentando nem lixo, nem luxo.

Atira-se para todos os lados na esperança de encontrar um rumo. Por vezes, o contraste seria cômico, não fosse dramático. Os mesmos que teorizam o Cinema Novo, produzem *Garota de Ipanema*, que seria massacrado caso viesse assinado por Biáfora, Fernando de Barros ou Walter Khouri. *A Margem* e *O Bandido da Luz Vermelha* colocam São Paulo outra vez no foco. São estreantes que farão um cinema ainda mais pobre e marginal que o praticado pelo cinemanovistas, conduzindo-os a disputas verbais e jornalísticas quase fratricidas.

A década terminará com as mesmas incógnitas do início. Para onde vamos?

Para os cangaceiros da Boca do Lixo ou para os acrósticos camufladores de *Macunaíma* tentando ludibriar a censura e os inquéritos militares. Na *Garganta do Diabo* seria a primeira afirmação indiscutível que teríamos da futura carreira de Walter Khouri. Trabalhando com orçamento reduzido, mas sem as precariedades de *O Gigante de Pedra*, e com um temário que mais afinava com seus propósitos de conteúdo, o panteísmo, o ceticismo no ser humano, a preponderância do sexo sobre as decisões humanas, Walter começava manipular os cordéis da sua obra complexa.

Partindo de um original não inteiramente seu, como aconteceria praticamente em todo o restante dos seus 25 filmes, muito o auxiliou o tratamento que lhe permitiram impor ao filme, em tom de tragédia grega, que ele tanto admirava e que tocava tão próximo aos seus conceitos filosóficos.

Concentrando o drama numa casa isolada na fronteira com o Paraguai, próximo às Cataratas do Iguaçu, habitada por um velho, pai de duas jovens, auxiliado por um caseiro índio e cego, que se transfiguram ao receberem a visita de soldados refugiados da Guerra do Paraguai, ainda em desenvolvimento. Tudo se desenrola num tempo hipotético de 24 horas, portanto, sob a tutela das três unidades aristotélicas da tragédia grega. As figuras hieráticas participam ativamente como agentes da trama, à exceção do índio cego interpretado por Hingst. Ele carrega com maior veemência as heranças de Sófocles, onisciente, premonitório.

Noite Vazia fizera relativo sucesso entre certos grupos no Festival de Cannes. Com isso, Khouri conseguira algum crédito para iniciar outra produção, desde que interpretada por alguém da França. Bárbara Laage foi a escolhida e assim nasceu *Corpo Ardente*. Pela segunda vez Khouri-Sérgio estariam reunidos.

O argumento tem uma linha tênue, ligando as vidas frívolas e untuosas de aristocratas, principalmente os personagens de Bárbara e o do marido interpretado por Pedro Paulo Hatheyer, recheados de infidelidades e vazios de ambos os lados. Márcia, a esposa e o filho pré-adolescente partem de férias para Itatiaia, típico do panteísmo de Khouri. Lá ela depara com um garanhão reprodutor, negro, selvagem, liberto. O cavalo torna-se sua obsessão. Somente então, a mais da metade do filme, é que aparece o cavalariço, interpretado por Hingst, à procura do animal fugido. Ele terá apenas quatro aparições e em todas elas formando a tríade com o cavalo e Márcia. No segundo encontro ela induz o filho a mentir-lhe, para salvar o animal, enquanto o capataz procura assimilar a mentira. O terceiro momento será o da captura do cavalo, atraído por uma égua no cio. É outro dos grandes momentos de Hingst. Uma série de primeiros planos por onde passam quase todos os sentimentos humanos; violência, posse, desespero, conquista, perda. Na quarta ele está muito ferido por ter sido arrastado pelo cavalo em fuga. Sua narrativa vingativa, contando sobre os cinco tiros que deu no animal e a reação que estas palavras despejam sobre Márcia são momentos raros onde o dramático é atingido sem o uso dos apelos usuais.

Nas filmagens de Corpo Ardente

As Cariocas foi baseado em três contos do famoso Stanislau Ponte Preta, dirigidos por três diretores diferentes: Fernando de Barros, Khouri e Roberto Santos. O episódio de Khouri ficava entre o de Fernando e o de Roberto, apoiado na personagem feminina apegada a muitos dos contrastes e frivolidades da Márcia de *Corpo Ardente*, em versão classe pobre, vinte anos mais jovem. Suas preferências vão do playboy de vôlei de praia em contraste com o outro, doentio, hospitalizado, com a prestação do apartamento bancada por ela e, finalmente, o velhote financiador. No original de Ponte Preta a trama era sacana. Ela, uma aproveitadora da situação e o velhote, um coronel babaca. Nas mãos de Khouri tomou uma feição poético-dramática que se chocava com o primeiro e o último segmento do filme. Para ser bem analisado ele precisa ser visto como algo independente, pessoal.

As reclamações de deturpação por parte de Sérgio Porto tinham cabimento. Após termos visto dois amantes jovens e contrastantes, no final surgia a figura patética do economista, interpretada por Sérgio, entrado em anos, ainda sentindo-se mal pela ponte aérea onde enfrentara forte turbulência. A imagem do quarentão apagado, aniquilado desde a primeira tomada, em seguida assume a doçura de um pai carinhoso, preocupado e nunca de um amante casual. O jantar quase cerimonioso vem seguido da cama ainda mais cerimoniosa. Quando ele diz que no dia seguinte sairá mais cedo, viajando de ônibus, por não ter coragem de enfrentar outra turbulência, o personagem completa exatamente cinco brevíssimos minutos de tela, nem por isso deixando de compô-lo inesquecívelmente.

Ironizando Fellini, como até ali havia dirigido 7 filmes, Khouri afirmava que esta sua participação corresponderia ao seu 7º. Brincadeira à parte, ele quase deixou de existir porque a reação do público chegava ao protesto. Fernando de Barros, certo dia, me chamou para cortarmos por inteiro o trecho. Felizmente, às minhas somaram-se tantas vozes contrárias, que a opinião de Fernando e do distribuidor Florentino Llorente foram vencidas.

Luta nos Pampas poderá ser considerado um dos mais acidentados filmes daqueles anos. O costume de pagar com meses de atraso ou mesmo não pagar proliferou após o fracasso da tentativa de cinema industrial, tornando-se medida comum e até ética. A reclamação implicava ser cínico ou não trabalhar em prol do cinema nacional. Por outro lado, a quem reclamar se nem sindicato constituído ainda havia? Tudo indica que Alberto Severi não estava preparado para as filmagens. Sérgio fora contratado com o filme já começado. Recebeu o roteiro na locação.

Tentando construir às pressas com o diretor o seu personagem, percebeu espantado que ele pouca importância dava a isso, esperando que os intérpretes o fizessem pessoalmente. Dada a exigüidade de tempo disponível, pois as filmagens caminhavam céleres, resolveu criá-lo como um homem rude e violento.

Na primeira tomada que filmou, Luigi Picchi pediu para ele não insistir com esta linha porque prejudicaria os demais, porém, o diretor não concordava com isso.

Os problemas monetários do filme foram evidentes desde o primeiro dia, e quando a questão do atraso salarial atingiu o máximo permitido Sérgio, que era membro da diretoria da ATACESP propôs pararem as filmagens, voltarem a São Paulo e, em situação mais conveniente, prosseguirem. Severi e a produção discordaram frontalmente, acusando Hingst de falta de ética. Ele mais uma vez expôs o problema para a equipe e pediu o apoio de todos. Perdendo na votação, ele então disse que retornaria sozinho. Os produtores negaram-lhe o dinheiro para a viagem. Ao se despedir, mais uma vez fez ver a todos o que lhes poderia acontecer. Não mais voltou a ser convocado. A estrutura do seu personagem foi diluída entre vários outros e isso é perceptível nos buracos que causou no argumento.

Para dublá-lo convocaram um profissional de rádio. Os salários continuaram em falta. Quando finalmente a propaganda anunciou a exibição, todos acorreram aos produtores porque sabiam que era a última chance que tinham para receber. Presenciei pessoalmente Luigi Picchi na sala da Associação, na Rua Major Quedinho, dizendo que Sérgio tinha razão quando pediu o levantamento das filmagens. Ele queria saber quem era o advogado de Sérgio para também pedir a interdição de exibição. O filme foi exibido e não sabemos se receberam ou não.

Apesar de seu nome aparecer em quarto lugar nos letreiros fica evidente que suas intervenções são bem menores que as de Alberto Ruschel e Luigi Picchi. Na primeira seqüência em que aparece fica claro que no roteiro deveria ter outra antecedendo para apresentá-lo. Nela o vemos recebendo a contragosto o personagem de Alberto Ruschell, ferido num embate com a patrulha comandada por Luigi Picchi. A tomada começa em clareamento, com os dois em campo, parados, esperando a ordem de ação. Pelo diálogo percebe-se que o latifundiário encarnado por Sérgio está incomodado por ter que dar esconderijo ao fugitivo. Logo em seguida ele vai falar com a esposa, para preveni-la da guarida que precisam dar. Cremos que originalmente a seqüência não deveria ter sido programada para o quarto da casal, mas é lá que veremos Maria

Alba, personificando a esposa do estancieiro, em frente ao espelho respondendo ao marido que imagina-se estar no corredor, atrás de uma porta fechada. Ouve-se apenas a voz dublada do personagem de Sérgio, fora de campo, com a imagem da esposa no espelho. Surrealismo de Buñuel antecipado ou estratagema pela ausência do personagem de Sérgio?

Logo depois, novamente na sala, Sérgio a apresenta a Ruschel ficando evidente o interesse dela pelo ferido. Pelo exposto, fica claro quanto o filme e Sérgio ficaram prejudicados pela atitude justíssima de defesa do ator.

O Vigilante Rodoviário – Sérgio trabalhou em dois episódios do mais famoso seriado que a TV brasileira produziu até hoje. Segundo informações da época, chegava a atingir 60 pontos no horário. Num dos episódios, *O Diamante do Gran Mongol*, interpreta um bandido internacional. No segundo episódio que participou, *A Fórmula*, lembra bastante os seriados americanos que eram apresentados aos domingos, nas matinês dos cinemas de bairro, coalhadas de crianças. Sérgio interpreta o assistente de um cientista que acaba de descobrir um grande remédio, mas adicionando-lhe um outro elemento, torna-se um ácido mortal. Sérgio seqüestra o cientista e leva-o para local desconhecido simulando uma explosão para tornar-se dono único da fórmula.

A interpretação de Hingst é uma caricatura dos vilões apresentados nos seriados dos anos 1930 e 1940. Ele deve ter-se emocionado fartamente com *Flash Gordon no Planeta Ming* quando criança para compor uma sátira tão bem calcada.

Em 1964, por circunstâncias variadas, voltava novamente a filmar onde começara, a Vera Cruz. O jogo político-partidário adhemarista da época levou o radialista Amaro César à gerência da Vera Cruz. A situação de marasmo em que se encontrava o parque cinematográfico paulista possibilitou a Amaro estimular co-produções, sem empregar dinheiro, facilitando o aluguel do estúdio e técnicos. O esquema já dera resultados satisfatórios em 1957 e 58, quando Walter George Durst congregara intérpretes e técnicos da TV Tupi numa sociedade que unindo-se à Vera Cruz produziu *O Sobrado*. Bem lançado, com apoio dos jornais, rádios e TV do Grupo Associado, logo na primeira semana de exibição haviam saldado as contas com laboratório, gravadora, Kodak e miudezas. O que rendeu em seguida foi lucro. Todos os meses, os sócios da filmagem iam ao Sumaré receber o correspondente à sua quota no filme.

Geraldo Vietri, proveniente da telenovela da mesma Tupi, acreditava no esquema e assinou contrato. Ele já estreara em cinema em 1952 em *Custa Pouco a Felicidade* e em 56 com *Dorinha no Society*. Ambos levavam a marca do semi-amadorismo praticados em estúdios minúsculos e precários, como o de Pinto Filho.

Em *Imitando o Sol*, (por algum tempo o titulo foi *O Homem das Encrencas*) ainda é visível o quanto era submisso aos encantos da televisão, onde ele imperava com as mais bem recebidas novelas da TV Tupi, a que dispunha da maior rede do Brasil.

A trama do filme era extremamente banal, repetido à saciedade no rádio, teatro, cinema e TV. Um homem boníssimo passa por vicissitudes de toda ordem, comprometendo inclusive a família. Vietri usou o mesmo sistema porém, o público cinematográfico que aceitara os incidentes de *O Tempo e o Vento*, não se identificou com as baboseiras de *Imitando o Sol.* Em meio aos atores Associados, Pagano Sobrinho, Dionísio de Azevedo, Laura Cardoso, Lúcia Lambertini e muitos outros, aparecia como exceção Sérgio Hingst.

O montador Mauro Alice, vivenciando o dia-a-dia do estúdio da Vera Cruz, muitas vezes se chocou com a falta de ética da maioria dos interpretes referindo-se ironicamente a Sérgio como *aquele senhor,* isso porque ele sempre estava com o roteiro nas mãos, em algum canto do estúdio, inflexionando os diálogos com variantes, preparando-se para a próxima tomada. Além do desastre comercial na exibição, o próprio filme era um desastre técnico e estético. Os contracampos nunca tinham continuidade dificultando a montagem. Os artistas empregavam a técnica televisiva e eram maquiados lastimavelmente.

A segunda tentativa de Amaro César teve endereço pessoal, ficando ele com as responsabilidades de roteirista, produtor, diretor e ator. O argumento era tão banal quanto o de *Imitando o Sol*. Um matador profissional, após liquidar uma família quase inteira, a mando de um coronelão latifundiário, passa por problemas morais quando chega a vez de assassinar um garoto de dez anos, filho do dono de outra fazenda. Amaro César pouco entendendo de cinema, apesar de estar à testa do que sobrara do maior estúdio que o Brasil tivera em qualquer época, viu-se obrigado a paralisar o filme tamanho os enganos cometidos. Anos depois, com o ciclo Amaro César concluído, o filme foi entregue a Egydio Eccio que rearticulou o roteiro, dirigiu o faltante, continuou com intérprete e montou. O filme dormiu durante quatro anos na prateleira antes de ser exibido.

Em 1964, Hingst trabalha em filme co-produzido com a Alemanha, *Mulher Satânica* (*Satan Mil Rohen Haaren*) de Alfons Stummer. Havia maioria de interpretes brasileiros (Marlene França, John Herbert, Luigi Picchi) enquanto na parte técnica preponderavam os alemães, exceção a Pierino Massensi na cenografia. Filmado sem som direto, mais tarde foi dublado em português e alemão.

O nome de Sérgio vem em destaque, sozinho e em quarto lugar em *Vidas Estranhas*. Tudo indica que lhe caberia algo de importante mas, ao fim, é apenas uma participação desprezível no seu currículo. Provando a precariedade da maioria das produções dos anos 1960, o filme atravessou problemas de toda ordem, inclusive problemas legais, obrigando a paralisação das filmagens por mais de um ano. Ele interpreta um médico, responsável pelo setor administrativo do hospital. Participa em exatamente três seqüências, sem teor dramático, apenas servindo para explicar verbalmente fatos já acontecidos ou que irão providenciar.

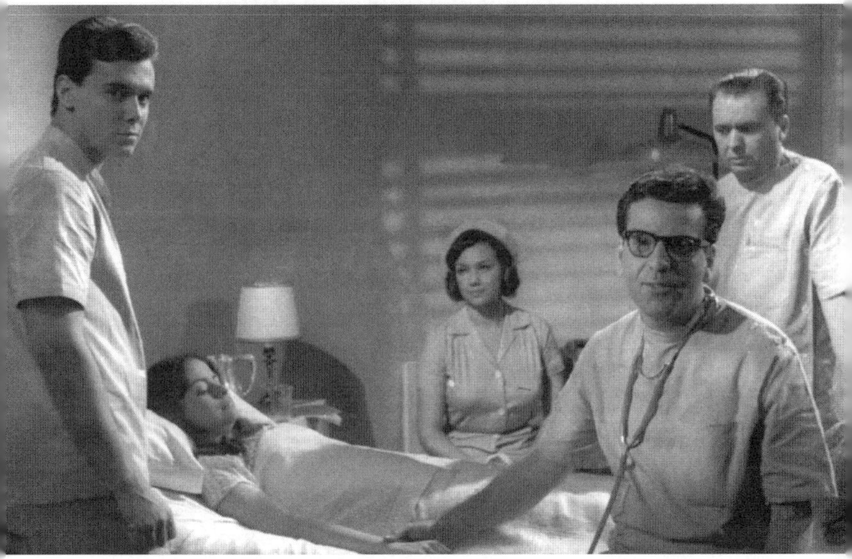

Cena de Vidas Estranhas

Em *O Caso dos Irmãos Nave* ele participa a partir do terço final, quando pela segunda vez os Naves vão a julgamento assumindo outro juiz em Araguari. Sérgio encarna este personagem. Ele chega à cidade conflagrada entre os prós e contra os Naves, julgados injustamente de latrocínio que não praticaram. A confissão foi obtida após coação moral e maus-tratos físicos. O advogado de defesa interpretado por John Herbert previne o juiz das vicissitudes que enfrentará. O juiz, pelo contrário, está convicto que sobrepujará e a justiça será feita. Logo mais veremos que o tenente da Força Pública interpretado admiravelmente por Anselmo Duarte é quem, na realidade, dita justiça na cidade, a ponto de coagir, com sua presença no tribunal, os jurados e mesmo o juiz.

Hingst trabalha admiravelmente bem a reviravolta que o personagem sofrerá quando se acirrar a disputa a que está submisso entre a defesa conscienciosa e uma acusação forjada. O diálogo enganoso, repleto de terminologia jurídica ajuda bastante sua personificação. Os elementos otimistas que ele oferece ao advogado de defesa são corretos sob o ponto de vista formal, mas o expectador sente toda a contradição casuística que está por baixo.

Consta que não foram das mais amáveis as relações de Luis Sérgio Person com ele. Havia discordância quanto à linha interpretativa. Não sabemos informar a quem pertence a que restou no filme, mas está adequada.

Ainda mais do que Ravina, dez anos depois, *O Quarto* fora gerado para maior glória de Hingst. Não mais um dos 4 personagens chaves, mas o único, o condutor auto-biográfico de Biáfora e, por vezes, de si próprio, é Sérgio Hingst. Não mais o expressionismo fluido em *O Morro dos Ventos Uivantes*, que ele havia imitado em *Ravina*, mas influência da Nouvelle Vague, moeda corrente dos anos 60.

O estilo de Sérgio sofre a mesma mutação. Não mais o andar meio caligaresco, mas olhares perscrutadores, devassando a alma. Será um desenho impiedoso do diretor e de si próprio, porque Biáfora fazia a sua catarse através da interpretação de Hingst. Sérgio captava com exatidão o que significava o ato de um garçom colocar desprezívelmente, aos trancos, um prato sobre o balcão, porque assistira e ouvira dezenas de vezes Biáfora divagar sobre a violação sem violência que King Vidor imprimira em *No Nosso Alegre Caminho da Vida*, quando o garçom praticamente bate o copo com água sobre o balcão. Sabia muito bem o que significava soltar os cabelos da atriz e modelo Giedre, porque Biáfora julgava dos mais sexuais o momento que Hurd Hatfield soltava os cabelos de Paulette Godard em *Segredos de Alcova*.

Cenas de O Quarto

Pelos incontáveis primeiros planos de Sérgio, passeiam todas as amarguras que um personagem de sua idade, sempre dependente de patrões, amigos e mulheres de diferentes classes sociais que conheceu. *O Quarto* constitui-se, praticamente, num grande solo do ator. Ele aparece em todas as seqüências do filme. Pela influência ou não que Biáfora exercia sobre os bem informados da área de cinema, Hingst praticamente arrebanhou todos os maiores prêmios de interpretação daquele ano.

Pedro Rovai preparou para sua estréia no longa-metragem 3 pequenos argumentos autônomos direcionados para a gozação do que seria o *Adultério à Brasileira*. Em cada uma das três estórias tinha oportunidade de experimentar as variantes que vão da comédia ao drama. Sérgio participava da primeira delas, *O Telhado*, abordando a vida do operário e sua esposa. Enquanto ele trabalha arduamente na fábrica, a esposa o trai, em casa, com um motorista de caminhão. O operário desconfiado um dia chega mais cedo para os flagrar. O caminhão está estacionado. Para certificar-se sobe ao teto e através das telhas vê o casal na sua cama. Desaba um temporal e ele não tem tempo suficiente para descer. O telhado não resiste e o homem cai sobre a cama. Ainda atordoado, o marido investe contra o chofer de caminhão e a esposa infiel que fogem, nus, para a rua. No dia seguinte os jornais sensacionalistas divulgam: *Operário Tentou Matar a Esposa Infiel a Pau.*

Sérgio estava fazendo a primeira de uma longa série de personificações de marido traidor ou traído, que interpretaria nos anos seguintes, repetindo um dos assuntos que mais atraía o público médio brasileiro.

A partir de *O Bandido da Luz Vermelha,* a carreira de Sérgio estaria condicionada aos pequenos papéis característicos que ele começava a liderar. Seu nome era a garantia de nobilitância para o filme e aquiescência dos jornais. No Rio de Janeiro também despontavam alguns intérpretes que mercê de seus dotes de interpretação e dos milhares de ingressos que venderiam a um público restrito, mas suficientemente atraído pelos encantos do intérprete, especializavam-se em dar um verniz de alta produção aos filmes corriqueiros, com suas participações. Em *O Bandido da Luz Vermelha*, Sérgio assume um senhor que é despertado violentamente na sua cama, durante a madrugada, pelo indigitado ladrão. Além de ser roubado, ainda é obrigado a servir comida e assistir à violação de sua esposa.

Após encarnar delegados, roceiros, caseiros, ex-latifundiário, burguês, proletário, militar e outros, experimentar um padre e ser dirigido por Anselmo Duarte em *Quelé do Pajeú*, era excitante. Lá foi Hingst para Itu, na cenografia que Deus propiciou aos cineastas sulistas que não pretendem ir ao polígono da seca, viver a desdita de um pároco sertanista. O personagem exigia virtudes contrastantes.

É como figurante de luxo que ele aparece em *A Arte de Amar... Bem*, numa seqüência de boate onde não será percebido se ao passar pela sala de espera o espectador não tiver notado seu nome no cartaz mas, a amizade que devotava a Fernando de Barros exigia.

No mesmo ano, 1969, em pequeno espaço de tempo filmaria dois títulos praticamente semelhantes, oferecendo um bom exemplo do quanto certos produtores sintonizavam com um público que estava pedindo ao cinema brasileiro o que uma censura feroz na televisão proibia mostrar. Em *Cangaceiro Sanguinário*, Sérgio interpretaria um fazendeiro inescrupuloso e em *Cangaceiro Sem Deus*, um guia da volante à procura de fugitivos. Apesar das diferenças que as personagens deveriam ter, não fosse o talento e empenho pessoal de Sérgio e eles poderiam entrar inversamente nos filmes sem que ninguém se desse conta. Das mais necessárias seria uma revisão dos trabalhos da produtora Servicine de Antônio Pólo Galante. Ela agregou Walter Khouri, parte dos Marginais da Boca enquanto mediava com produções de pouco empenho, que iam dos violeiros aos eróticos, das comédias escrachos aos cangaceiros. Neste gênero deixou apenas em 1969, dois exemplos que, estudados à distancia apresentam surpresas que valeriam sem meditadas com maior cuidado.

A primeira indagação seria se Galante tinha segundas intenções quando mandou vestir fardas numa parte do elenco para equipará-los aos militares no poder sanguinário pós-1968. Haveria alguma metáfora entre o místico guerreiro que derrota a tropa federal e Antonio Conselheiro? O personagem feroz praticante da violência física por mero prazer seria a biografia de algum coronel Moreira Cezar, aquele que do alto do cavalo exigia como botim de guerra: *As orelhas dos prisioneiros me pertencem!*

A trama do argumento de *Cangaceiro Sem Deus* é um amontoado de situações que haviam se tornado clássicas do cinema nacional em 1969. No filme encontraremos as lutas corporais e de armas provenientes dos farwest, que tanto amávamos. Místicos sendo violentados ou violentando. Religiosidade primitiva herdada de *O Pagador de Promessas, Deus e o Diabo na Terra do Sol* e *Riacho de Sangue*. Machismo de Lima Barreto. Maria Bonita decidindo o amor no tiro. O repertório continuaria com traidores, coiteiros, amores estremados intermediados por sacrifícios. Continuar com o menu servido primeiramente por Lima Barreto significava que o público ainda o assimilava com prazer. Como desta vez as oportunidades oferecidas pelo roteiro o favoreciam, Hingst iria trabalhá-las à

vontade. Sua apresentação é bem preparada no roteiro. A montagem insere fragmentos de um homem socando e espancando. Enquadrado da cintura para baixo adquire força maior. Os fragmentos tornam-se mais longos, quando divisamos o personagem de Hingst, Pedro Bala, por inteiro, interrogando com sadismo um prisioneiro.

Sua segunda aparição acontece num churrasco onde ao lado da comida veremos seu interesse por mulheres. A luxúria aumenta na terceira aparição, com o importante diálogo com o padre e primeira insinuação com Lúcia. Ela vai em ascensão na quarta aparição, no boteco quando tenta segurar a moça. Finalmente na seqüência seguinte, na igreja, onde Lúcia vai orar e Pedro Bala em completo ultraje para com o lugar, tenta possuí-la. Ela foge mas é alcançada mais adiante quando consuma o ato numa repetição do que vimos quase quinze anos antes em *Sob o Céu da Bahia*. É claro que Osvaldo de Oliveira não havia assistido ao filme de 1955, cremos que nem mesmo o conhecia de nome, mas a coincidência é flagrante, incluindo a soberba interpretação de Hingst. A próxima vez ele encontra-se num bebedouro. Tem um diálogo elucidador com um soldado raso que prega a obediência militar. Ele retruca aos gritos que não participa dela e proclama desprezívelmente, aos brados, sintetizando sua filosofia de vida perto do canhão que logo mais comandará com sádico prazer de morticínio; *Deus, homem, farda, não!* A seqüência final com montagem paralela das lutas dos beatos fanatizados, a tropa federal e os cangaceiros é muito bem urdida, antecipando o que veremos em 1997 em *Guerra de Canudos*.

Como Oswaldo de Oliveira dirigia o filme e nunca os atores, cada qual cuidava do seu. A maioria repete o que já fez com personagens parecidos, mas Sérgio e Jofre Soares parecem compositores fazendo variações sobre temas e melodias já expostos anteriormente. Vale a pena também estudar como eles chegam ao ponto partindo de propostas quase divergentes: Sérgio do expressionismo e Jofre do realismo.

Honestamente não sabemos como classificar a aparição de Sérgio Hingst em *O Despertar da Besta*, de José Moljica Marins. Chamá-la de participação seria achincalhar todas as outras em que apareceu, breves ou não. Mais ajuizado seria classificá-la como não participação.

Filmes dos Anos 70
Boca do Lixo e Pornochanchada

Nos três primeiros congressos de cinema realizados em 1951-52 e 53, ainda que impreciso, começava a formalizar-se o conceito de que o cinema precisava do apoio do Estado. Após a queda de Getúlio Vargas em 1945, a liberação de prisioneiros políticos, a votação livre e universal que aconteceu em seguida, o direito de proclamar em público coisas que até ali nem mesmo no âmbito privado tínhamos coragem de propor, e a vulgarização do marxismo, possibilitavam propostas novas apoiadas no que ocorria na União Soviética, Itália, França e Inglaterra. Em todos esses países havia leis protecionistas. Ao fim da guerra, e com a vitória do Partido Trabalhista, aplicou-se na democracia inglesa o princípio de que todo o dinheiro arrecadado com a venda de ingressos de cinema estrangeiro, seria bloqueado e deveria ser revertido em forma de cinema produzido dentro da Inglaterra.

Com isso, os americanos foram obrigados a filmar na Inglaterra favorecendo, durante cinco anos, as obras de Carol Reed, David Lean, Michael Powell e do nosso Cavalcanti, além dos seus cineastas, logicamente. Pouco depois, no Brasil, a articulação de cineastas paulistas deflagrou o nascimento da Comissão Municipal e Estadual de Cinema, materializado em forma de empréstimo bancário bastante facilitado. Este conceito de parceria com o governo cimentou a linha dos que propunham o intervencionismo estatal. A repetição de jargões com o passar dos anos, tomou tamanha evidência que ninguém mais duvidava que sem a parceria do Estado não existiria cinema brasileiro. O golpe de 64, consolidado numa filosofia que jamais poderia concordar com estes conceitos foi, ironicamente, quem os formalizou concretamente.

Somente no Brasil poderíamos ter um governo de ultradireita, encarcerando quem não rezasse pelo liberalismo econômico e, ao mesmo tempo, tornando o cinema questão de Estado. A Embrafilme nasceu para atender ao centralismo, palatável à classe militar e aos reclamos dos cineastas. Em pouco tempo víamos que a obrigatoriedade de exibição do filme nacional continuaria com a criação de departamentos que fomentariam a produção, com a ajuda do Banco do Brasil. Depois, não só emprestava como também se encarregava pessoalmente de distribuí-lo, chegando a adiantar dinheiro da futura bilheteria para o produtor. Faltou apenas comprar alguns cinemas para formar um truste completo, antiliberal e econômico.

É lógico que em troca o governo pretendesse alguma retribuição para as benesses. Como aconteceu com Lênin, Stalin, Mussollini e Hitler, pretendiam propaganda favorável em troca. Foi quando muitos se exaltaram, a esquerda em especial, esclarecendo ao governo que conceder dinheiro não significava obrigatoriamente falar bem do governo, como na União Soviética ou Cuba, mas sim, o direito, caso desejasse, inclusive de falar mal.

Temas da história do Brasil e adaptação de clássicos da literatura eram preferidos pela Embrafilme, levando grande parte dos cineastas a escolher temáticas metaforizadas que todos sabiam referir-se simbolicamente à censura, repressão e as mortes que estavam acontecendo no Brasil desde 1964.

Além da ajuda direta da Embrafilme, e caso o argumento escolhido fosse algum clássico da literatura brasileira, havia ainda a possibilidade de enviar um bilhetinho para a Câmara Brasileira do Livro, pedindo um adendo de verba e propondo uma nova edição da obra adaptada em simultaneidade com o lançamento do filme.

Prestar contas passou a ser uma outra história. Como explicar o empréstimo de um milhão de dólares da Embrafilme, que Glauber Rocha recebeu para produzir *A Idade da Terra*? Somente ele e o general Golbery poderiam explicar. Nos anos 70 a situação apresentava-se cheia de dualidades: caso fosse apadrinhado, poderia realizar uma produção superfaturada sem maiores prestações de conta ou pedindo para si o direito do grande achado econômico da década que consistia no *a fundo perdido.* A outra opção seria arriscar o seu. Estes não precisavam se preocupar com altos vôos criativos para reatualizar o julgamento de Tiradentes ou aplicar metáforas ao hospício de Machado de Assis. Preferiam caminhar diretamente no território garantido do erótico, o mais recente chamariz de bilheteria.

Walter e William Khouri, durante anos, compraram ou ganharam tantos títulos da falida Vera Cruz que, em certo momento, se tornaram sócios majoritários do estúdio e passaram a co-produzir com os amigos e até mesmo com os que ainda ontem os classificavam como alienados e praticantes de pornô luxo.

A digressão vai por conta dos repetidos personagens que Sérgio Hingst representará dentro dessa nova ordem de argumentos que o imbróglio da Embrafilme facultou.

O Palácio dos Anjos, de Walter Hugo Khouri, encaixava-se como uma luva nesse conceito. Três jovens secretárias abrem um bordel de luxo para materializarem os delírios sadomasoquistas de capitães de indústria, banqueiros e até ex-donos de locais onde elas haviam trabalhado. Um abrasileiramento de *O Balcão*, de Jean Genet, que fizera longa carreira no Teatro Ruth Escobar. Sérgio, em breve aparição, encarrega-se de um desses exemplos de tara.

Imagina-se que Capovilla tenha se inspirado no filme de Ingmar Bergman, *Noites de Circo,* para fazer *O Profeta da Fome,* ou no Brasil, no plano alegórico. Percebe-se que até em matéria de circo fuleiro, o Brasil é terceiro-mundista. Difícil imaginar algo de mais trágico e abjeto do que aquele ambiente sórdido.

Sérgio interpreta Ali-Khan, dono do circo e apresentador de mágicos, pelotiqueiros, domador de animais e faquir. Até ali, sua interpretação nada apresenta de maior, mas a partir do momento em que personagem de Maurício do Valle tenta esfaqueá-lo, ele agiganta-se.

Quando alguém insinua que naquele circo só faltava antropofagia, Ali-Khan promete que naquela noite o faquir comerá gente. Com o fracasso do número, o pequeno público põe fogo no cirquinho. O momento em que Ali-khan, alucinado, promete canibalismo, apesar de sempre lutar com um timbre de voz que pouco o ajudava, torna-se memorável.

Em Verão de Fogo, com Tarcísio Meira

Verão de Fogo era o resultado de um acordo de co-produção entre a Vera Cruz dos Khouri e a produtora francesa de George Chapedelaine, cada qual auxiliando a produção do outro que, no caso brasileiro, foi *Palácio dos Anjos*. No caso francês (*OSS 117 Prend Vacances*) era a gozação do James Bond francês passando férias em São Paulo e que com a ajuda da Inteligência americana desbarata uma quadrilha internacional que pretende lançar um ataque bacteriológico em Cuba para incriminar

Washington. Era a continuação de outro *Agente OSS 117*, produzido na França em 1967.

Hingst formava ao lado de outros brasileiros: Norma Bengell, Rossana Ghessa, Tarcísio Meira, Paulo Villaça, Pedro Stepanenko, que passeiam ao redor dos europeus, Luc Merenda, Edwige Feuillère, Geneviève Grad, Elsa Martinelli. Ajudado por uma caracterização burlesca que lembrava alguns tipos doentios do expressionismo alemão, principalmente os óculos com lentes grossas, tipo fundo de garrafa, tornava-se o melhor do filme.

Também na comédia, *A Superfêmea,* de Anibal Massaini, merece destaque especial, porque cristalizava algumas idéias que haviam sido testadas anteriormente por outros cineastas, concretizando-se agora por inteiro, sendo alimento para uma variada gama de filmes eróticos que viriam na cola. *A Superfêmea* lidava com pílula anticonceptiva para homens, lançamento de produto farmacêutico na praça, propaganda enganosa e sexo.

Como as referências políticas eram controladas rigorosamente pela ditadura, o sexo passou a ser servido como desaguadouro do tampão. A cada tanto a tampa da panela seria levantada permitindo a saída do vapor acumulado, senão teríamos a explosão do caldeirão.

cinedistri
apresenta
Colorido
A SUPER FÊMEA
VERA FISCHER
PERRY SALLES
WALTER STUART
LIBERO RIPOLI
GEORGIA GOMIDE
Sergio Hingst Silvio de Abreu Lino Sergio Renato Restier Roberto Bolant
Marlene Rodrigues Maneco Shapazian Cazarré Elza Aguiar
John Herbert e Adoniran Barbosa
Fotografia OSVALDO DE OLIVEIRA
UM FILME DE Anibal Massaini Neto

O estilo do filme lembra as chanchadas da Atlântida, porém mais abusada, menos ortodoxa, escrachada. Muito de *O Bandido da Luz Vermelha* deixava de ser de vanguarda, retornando definitivamente ao paladar popular. O filme se dava a liberdades que hoje poderiam ser analisadas de forma bem diferente do que em 1979, como o retrato do produtor, distribuidor e fundador da Cinedistri, Oswaldo Massaini e o fetichismo da figura de plástico de *Superfêmea*.

Em meio ao esculacho, Sérgio satirizava - à brasileira - a interpretação de Marlon Brando em *O Poderoso Chefão*. Não só sua figura encorpada era parecida, mas a forma de andar e o girar a cabeça. A seqüência em que dialoga em inglês macarrônico com o gênio da publicidade, beijando-lhe o rosto, afagando e por último atirando dardos na foto de Marlon Brando, é primorosa. Dava a impressão que Hingst se abria para o gênero da comédia, que até então não havia trilhado com eficiência. Mas o acontecimento ficou no prelúdio.

Jamais amadureceu. Hingst não tinha a verve de Jaime Costa ou Sady Cabral, que transitavam indiferentes em ambos os gêneros.

Em *Ainda Agarro Esta Vizinha* os fatos se confirmavam. O filme fora idealizado como uma continuação do incrível sucesso popular *A Viúva Virgem*, do mesmo produtor, de 1972. Um prédio de apartamentos em Copacabana serve de fundo para o desfilar de uma galeria quase surrealista de moradores. Sérgio, vivendo Bob Simão, um gigolô empertigado e canalha que se autodenomina agenciador matrimonial.

SINCRO FILMES e
Egon Frank apresentam
adriana prieto
cecil thiré
em
ainda
agarro esta
vizinha
colorido
sergio hingst · lola brah · hugo bidet
participação especial carlos leite (chuchu beleza) • wilza carla
angelo antonio • roberto marquis (teobaldo) • edy star
fregolente • meyry vieira • nydia
valentina godoy • martin francisco • marcelo barauna
monique nery • yang
fotografia - tony rabatoni
direção e produção de
pedro carlos rovai

Numa interpretação ortodoxa, sem criatividade, mais parecendo odiar o seu personagem, nem mesmo tira partido dos trajes que enverga e da espessa maquiagem que quase o transforma num personagem da comédia dell´arte.

Histórias que Nossas Babás Não Contavam poderia ser enquadrado da mesma maneira; esta versão da Branca de Neve, adaptada por Ody Fraga, é um achincalhe bem ao gosto do que a Boca do Lixo produziu em certa época. As participações especiais não têm o nível de outros filmes, mas são sempre respeitáveis.

Histórias que Nossas Babá
NÃO
Contavam
RENATO PEDRO
(Everaldo)
é o Espelho Mág
COSTINHA
é o caçador
MEIRY
VIEIRA
é a Rainha
ADEL
FÁTIM
é Clara das Nev
DENIS
DERKIAN
é o Príncipe
LITHO,
QUINZINHO,
ZEQUINHA, DILIM,
PAULINHO,
ZEZINHO e
JOÃO GRANDÃO
são os 7 anões
COLORIDO
Xandó Batista · Sergio Hingst · Teobaldo · Felipe Levy · Lino Sergio
produção · ANIBAL MASSAINI NETO
direção · OSVALDO DE OLIVEIRA

Sérgio interpreta, outra vez, apenas para constar, um obscuro e subserviente Ministro do Rei sem maiores atrativos cômicos.

Os Galhos do Casamento era outro dos escrachos eróticos da moda. A novidade é que foi produzido em Curitiba com a maioria da equipe e intérpretes paulistas. O gênero erótico levara os argumentistas a recorrerem a temas do teatro grego e romano, adaptando-os às circunstâncias modernas. Desta vez era *Lisístrata*. A prostituta Rosinha, de uma cidadezinha do interior, resolve não mais admitir homens casados na sua casa, apenas solteiros. Os casados não aceitam, porque não admitem um prostíbulo na cidade. Enquanto isso, as esposas ganham a solidariedade de Rosinha. Sua mãe aproveita as desavenças e consegue uma sociedade no alambique, na farmácia e na compra de uma casa. As esposas chegam ao cúmulo de arrumar um noivo para Rosinha. Os maridos colaboram, imaginando que com um marido complacente tudo voltará às boas. O escolhido é Rosalvo, um garanhão que eles igno-

MONUMENTAL
Direção: Sérgio Segall
Produção: Florisbal Lopes
NELSON MORRISSON
ALDINE MILLER • HELENA RAMOS
ZÉLIA MARTINS • SÉRGIO HINGST
JOSÉ MARIA SANTOS • GILDA ELISA
LALA SCHNEIDER • AYRTON MULLER
REYNALDO CAMARGO
ROBERTO MENGHINI
Ela era o motivo de muitos GALHOS!
EASTMANCOLOR
DISTRIBUIÇÃO
BRASIL INTERNACIONAL CINEMATOGRÁFICA
OS GALHOS DO CASAMENTO
Procura-se um Noivo MANSO!
NELSON MORRISON
NADAIR RODRIGUES
SUELI SANT'ANA
PAULO CARDOSO
GILBERTO DE PAULA
DANILO AVELLEDA
SÉRGIO KINZKOWSKI
CARLOS DORNELLES
Fotografia: E. Fantim • Música: Fonofilme/Audison • Argumento: Luiz Castilini

ram, mas que já andou com muitas das esposas rebeldes. Para surpresa de uns e desalento de outros, Rosalvo e Rosinha apaixonam-se acabando com as expectativas de maridos e esposas. Hingst era o marido que chefiava a revolta em meio ao tom escrachante do filme.

Pedro Carlos Rovai estaria por merecer maiores cuidados na história do cinema entre nós. Parece impossível que a demolição que empregou nas produções que dirigiu ou financiou para outros não fique marcada.

Nela veremos com insistência, através do emprego da sátira, da metáfora, da simbologia oculta ou expressa, as mazelas da sociedade brasileira, como fora feito por Martins Pena na metade do século XIX. Aliás, semelhante à obra do fundador da comédia teatral brasileira, a obra de Rovai por vezes atinge o vulgar, porque os dois trabalhavam para públicos rudes, amantes das coisas simples empregadas pelo circo que, desde 1950, fora substituído eficientemente pela televisão. Como no drama, também a comédia cinematográfica foi subversiva, porque atirava sobre o proibido, que tanto podia ser uma atitude política, quanto uma transgressão sexual. Títulos como *Adultério à Brasileira, A Viúva Virgem, Lua de Mel e Amendoim, Eu Dou O Que Ela Gosta* e *Gente Fina É Outra Coisa*, fazem parte do ideário do homem brasileiro desde Martins Pena, ou mais certamente, desde *Antonio José, o Judeu*.

O Ibrahim de Subúrbio faz parte dos filmes financiados por Rovai. Está dividido em dois episódios, outra característica de boa parte da sua obra. O que nos interessa de mais perto é o primeiro, *Roy, o Gargalhador Profissional*, uma tragicomédia dos que vivem na linha da pobreza, dirigida pelo mesmo Astolfo Araújo de *As Gatinhas*. O aparecimento de Sérgio é diminuto, e sem maiores destaques, como um professor de interpretação que baseia seu ensino em mutações faciais numeradas: para o horror, número 59; para devoção, número 32.

Na década de 1950, havia uma escola de interpretação (pelo menos era assim chamada) que usava esse sistema. Chegaram a fazer um longa-metragem. Os poucos minutos em que Hingst aparece são frágeis e, para bem ou para mal, ele foi dublado por outra pessoa. O segundo episódio de *O Ibrahim de Subúrbio* é um mergulho vertical na brutal influência que os escritos de Ibrahim Sued exerciam sobre grande parte da *society* brasileira, atingindo inclusive as camadas mais baixas que tentavam imitar, dentro dos padrões de arrabalde, os *suppers* descritos pelos colunistas sociais d'O Globo e do JB, criando o ridículo Ibrahim de Quintino.

AS DUAS GATINHAS JUNTAS NÃO SOMAVAM A IDADE DÊLE... E ELAS O DEVORARAM!
AS GATINHAS
SERGIO HINGST
ADRIANA PRIETO
JOANA FOMM
DIREÇÃO DE
ASTOLFO ARAUJO
EASTMANCOLOR
PRODUÇÃO
ALFREDO PALACIOS
A.P. GALANTE
SERVICINE
fama filmes
CINEMATOGRAFICA ZONARI
GALIA FILMES
DISTRIBUIÇÃO
TITANUS

O personagem de Sérgio em *As Gatinhas* serviria de matriz para outras criações, de outros realizadores que viriam em seguida, por exemplo, *Colegiais* ou *Lições de Sexo*.

A marca do tempo, acrescida do descaso (que o acompanhou desde os tempos da Escola de Arte Dramática) na prática de qualquer tipo de esporte, deixaram Sérgio com um físico ligeiramente pesado o que, somado ao andar meio claudicante e o cabelo rareando em cima, o tornava ainda mais dramático perante as câmeras. Impossível não se comover com o quarentão burguês que sofre os desajustes da família, principalmente com o filho bancário e estelionatário, tão indiferente a todos os acontecimentos a ponto de organizar orgias de sexo a quatro, no litoral.

Quando o pai lá chega para um ajuste de contas, o filho e um amigo fogem, deixando-o à mercê d'*As Gatinhas*, que o engolfarão com os artifícios do sexo.

Ninfas Diabólicas foi outro solo de Sérgio. O argumento foi escrito pensando nele, adaptado à sua idade e estilo de interpretação. Como faz ordinariamente, Rodrigo toma seu café da manhã, despede-se da esposa e leva seus filhos à escola, antes de ir para o trabalho. No caminho, uma jovem pede carona mas, apesar da insistência dos filhos, Rodrigo se nega a levá-la porque é perigoso.

Filmagens de Ninfas Diabólicas

Equipe de Ninfas Diabólicas

Em seguida, dirigindo-se ao litoral, à cidade de Caraguatatuba, em viagem de negócios, ele acaba por ceder à beleza de duas estudantes que pedem carona na estrada. No carro, Úrsula e Circe, as estudantes, conversam distraidamente com Rodrigo e acabam por convencê-lo a parar numa praia deserta à beira da estrada. Lá, os três brincam e Circe se afasta sozinha para um passeio. Rodrigo possui Úrsula. Saindo à procura de Circe, não a encontra, mas, na manhã seguinte vai achá-la banhando-se nua numa cachoeira. Circe resiste inicialmente a suas propostas, mas acaba por concordar, caso ele se disponha a amarrar Úrsula. Conseguindo, Circe aproveita a posição da colega e a abate com uma pedra. Rodrigo, surpreso e aterrorizado, tenta fugir, mas Circe atira-se sobre ele e o seduz. Abandonando o corpo na praia, os dois voltam ao carro e fogem.

Inesperadamente, Circe se descontrola, começa a pronunciar palavras desconexas, atrapalhando Rodrigo que, espantado, vê Úrsula no banco de trás, viva e tendo na mão a pedra que a matara. Ataca os dois e Rodrigo tentando defender-se descuida do volante, despencando o carro por uma ribanceira, morrendo. Dos destroços saem as duas estudantes estranhamente recompostas. Alegres, elas dirigem-se à estrada para pedir nova carona.

Um argumento demoníaco dessa ordem era raro no cinema brasileiro, e aceitável se lembrarmos que o diretor John Doo era de origem chinesa. Aldine Muller e Patrícia Scalvi interpretavam com rara felicidade os dois espíritos malignos.

Quando elas tramavam contra si mesmas, alcançava-se alta dramaticidade, enquanto Sérgio Hingst tinha oportunidade de expor todo o repertório de transições do burguês convicto e passivo ao homicida conivente. O erotismo tardio do homem entrado nos anos, a servidão ao trabalho corriqueiro e o redespertar do sexo, eram admiravelmente expostos na interpretação de Sérgio.

O filipino Juan Bajon era outro cineasta estrangeiro que, a exemplo de John Doo, sofria forte influência do expressionismo alemão. Não só seu primeiro filme era baseado no *Vampiro de Düsseldorf*, mas grande parte do que produziu posteriormente, incluindo os de sexo explícito, tinham material de mesma origem. Em *Colegiais e Lições de Sexo*, ele narrava um original seu, mostrando as mazelas da sociedade sob a ótica do expressionismo.

O diretor de uma escola, que é também proprietário de uma rede de motéis, transforma a sala de aula em estúdio, onde exibe filmes pornográficos para seus alunos. Na escola, o diretor vende notas e diplomas, não se interessando pelo desempenho escolar. No motel cobra taxas extorsivas dos freqüentadores.

Entre seus alunos estão Fábio, Silvia e Alexandre, que se relacionam num complicado triângulo amoroso. Fábio utiliza o prestígio do pai para, impunemente, roubar carros e assaltar bancos. Silvia, a namorada, não suportando os maus tratos de Fábio, troca-o por Alexandre.

Fábio jura vingança. A mulher do diretor da escola é assassinada pelo amante. A polícia descobre as atividades ilícitas do colégio. Para defender-se, o diretor acusa um professor de comunista. Numa discoteca, Silvia e Alexandre se amam na pista de dança. Fábio aproxima-se e golpeia Alexandre na cabeça, matando-o em pleno gozo. Ameaçado de prisão, Fábio desaparece, deixando Silvia livre para tentar nova vida. O título absurdo do filme era imposição dos distribuidores. Contava com as participações especiais de Abrahão Farc, Ivete Bonfá e Sérgio Hingst.

O Pornógrafo, de João Callegaro vinha também na carreira aberta pelo *O Bandido da Luz Vermelha*, fazendo uso indiscriminado da velhacaria, deboche, esculacho. Basta comparar a introdução do personagem condutor da história de *O Pornógrafo*, Miguel Metralha, com os primeiros cinco minutos de filme de Rogério Sganzerla para vermos a filiação seminal. Ainda que a interpretação de Stênio Garcia venha a ser mais atenuada que a exuberantemente debochada de Paulo Villaça, impossível não se notar filiação. A sátira que ambos faziam dos filmes de gângsteres americanos deixa claro o quanto ambos eram devedores da cultura americana, principalmente a de cinema.

Callegaro formulou seu filme em tom mais acadêmico, sem os escrachos propositalmente aumentados por Sganzerla. A fotografia é mais educada, as músicas não têm a função explícita de chocar e sim de contornar a psicologia dos personagens. A digressão vai por conta da comparação que poderíamos ter entre o trabalho de Hingst nos dois filmes, sempre ressaltando a diferença de personagens que interpreta nos dois. Do infortunado burguês, violentado de várias formas logo após ser acordado de madrugada, temos um esquivo senhor que esconde parte de sua vida profissional para não ferir a particular. Não esqueçamos que literatura erótica, mesmo nos anos 70, era passível de prisão por atentado ao pudor. O grande jornalista brasileiro Zuenir Ventura foi várias vezes encarcerado. Callegaro, com muita perspicácia, apresenta o personagem de Hingst a distância, do outro lado da rua, andando dissimuladamente, temendo algo, como se estivesse sendo seguido. A insinuação confirma-se quando vemos em plano próximo da câmara, Miguel Metralha, de costas, o acampanando. Na próxima seqüência, quando pela primeira vez conversa com Metralha no escritório, ele continua furtivo, escondendo a clandestinidade do negócio, desconversando, temendo algo.

O longo travelling, pelo corredor da produtora de edições eróticas, mostrando os diferentes departamentos, perpassa toda a gama de sentimentos.

Diferente será o homem de negócios em alta, da terceira aparição, quando a editora superou os problemas com a nova linha editorial lançada por Miguel Metralha, temos o jornalista que fala com os punhos no ar, mostrando combatividade. Na quarta vez, temos o homem derrotado, que maldiz a mudança de gosto do público. Abatido e combalido. Pouco depois, Miguel vai saber da sua morte fulminante, de colapso. O personagem morre no meio do filme.

Em 1972, atingíamos o sesquicentenário da Independência do Brasil. Havia por parte do governo militar grande empenho para que a data fosse comemorada com o maior ardor, apaziguando os ânimos acirrados pela hecatombe monetária, a censura e a perseguição política. Oswaldo Massaini investe polpuda quantia na produção de *Independência ou Morte*, dirigido por Carlos Coimbra, realizando um filme de empenho, com boa reconstituição de época.

Nas filmagens, com Carlos Miranda (o Vigilante Rodoviário)

Na parte artística houve o mesmo carinho. Glória Menezes, Tarcísio Meira, Dionísio de Azevedo, Kate Hansen e outros poucos acompanhavam o filme havendo participações de grandes nomes que pouco apareciam: Vanja Orico, Flora Geny, Carlos Imperial, Lola Brah, Francisco di Franco. Sérgio Hingst estava entre essas participações de elevação do filme.

A idade e as contínuas participações tornaram-no ator característico, interpretando variados personagens. Aqui, ele, durante 30 segundos, faz um discurso inflamado na pele do padre Januário da Costa.

cinedistri

Diploma

A Sergio Hingst

Em reconhecimento à sua valiosa colaboração na realização do filme Independência ou Morte que constituiu marco decisivo para a evolução e grandeza do Cinema Brasileiro, conferimos o presente Diploma e Medalha comemorativos do sesquicentenário da Independência do Brasil.

7 de Setembro de 1972

CINEDISTRI

companhia produtora e distribuidora de filmes nacionais

OSWALDO MASSAINI

Diretor Presidente

Estou chegando ao prédio do Itamaraty no Rio de Janeiro, para as filmagens de Independência ou Morte, *converso com Manoel da Nóbrega a quem conhecia muito através das suas atividades no Rádio e Televisão. Pessoalmente não. Creio que foi a primeira vez. No filme Nóbrega era D. João VI, que interpretou com grande acerto. Eu, o padre Januário da Costa, numa pequena participação. O comentário que se seguiu foi sobre a filmagem que seria realizada na sede de uma Loja Maçônica, em alguns trechos. O Nóbrega comentou que estava surpreso com a atitude da Loja Maçônica permitindo que filmassem dentro do recinto e, que pelo que sabia, era a primeira vez em toda a existência desde sua fundação. Fico sabendo que o Nóbrega era maçom de 5° grau. Passamos a noite na sede da Loja Maçônica. A cena era da introdução de D. Pedro I na maçonaria. Na cena, Anselmo Duarte, Abílio Pereira de Almeida e outros. Tarcísio nos momentos de folga conversa com Abílio, sempre brincalhão, querendo saber dos segredos da Maçonaria, ora com um dirigente da Loja, ora com funcionários.*

Com *O Caçador de Esmeraldas*, de 1979, Oswaldo Massaini tentava repetir o sucesso absoluto de *Independência ou Morte*, quando desde o presidente da República até o homem comum concordavam com o filme. A crítica foi-lhe, no geral, muito boa, quando não, calorosa. Aliás, o trabalho merecia. Em gênero tão espinhoso para o cinema brasileiro, o filme era bom.

Em cena do Caçador de Esmeraldas com Jofre Soares

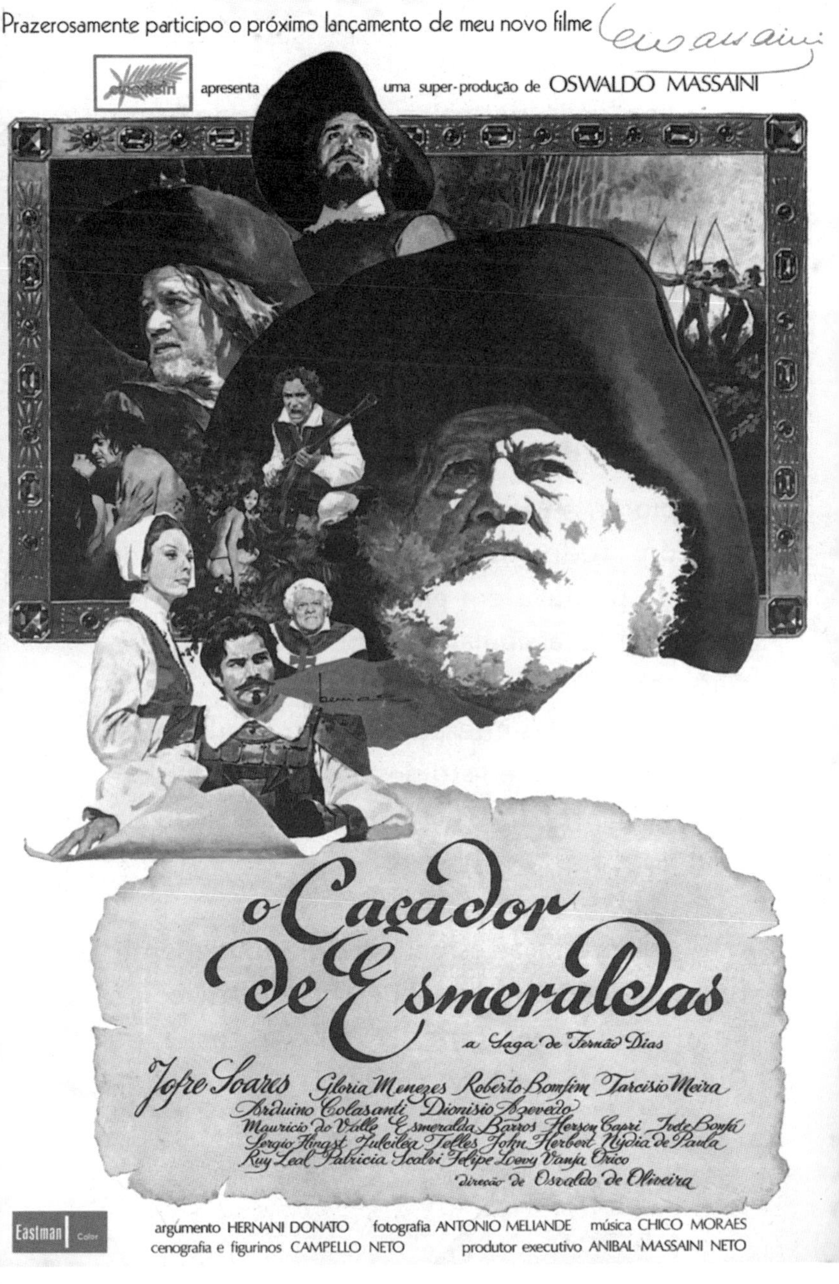

Prazerosamente participo o próximo lançamento de meu novo filme
apresenta
uma super-produção de OSWALDO MASSAINI
o Caçador de Esmeraldas
a Saga de Fernão Dias
Jofre Soares Gloria Menezes Roberto Bomfim Tarcisio Meira
Arduino Colasanti Dionisio Azevedo
Mauricio do Valle Esmeralda Barros Herson Capri Ivete Bonfá
Sergio Hingst Julcilea Telles John Herbert Nydia de Paula
Ruy Leal Patricia Scalvi Felipe Loevy Vanja Orico
direção de Osvaldo de Oliveira
Eastman Color
argumento HERNANI DONATO fotografia ANTONIO MELIANDE música CHICO MORAES
cenografia e figurinos CAMPELLO NETO produtor executivo ANIBAL MASSAINI NETO

Esta produção desejava, com o bandeirismo, atingir o desiderato da Embrafilme, empenhada em arregimentar mentes e corações dos brasileiros. O argumento escrito por um historiador e escritor de méritos, arranhava na superfície dos problemas, ou os roteiristas que vieram em seguida o conduziram para uma versão acadêmica.

Para piorar, a escolha do diretor pouco tinha a ver com todos estes problemas. Osvaldo de Oliveira primava em enfileirar filmes rápidos, baratos e de assimilação popular indiscutível e não reconstituições históricas, e nisso ele mostrava facetas interessantes. Em quais desses parâmetros a Cinedistri desejava enquadrá-lo é difícil de perceber. O evidente é que ele não era nenhum Carlos Coimbra.

O tom de produção esmerada e grandiloqüente, típico de outras produções históricas, como *Batalha de Guararapes* do ano anterior ou *Quilombo*, de 1983, fala por si.

Para esta particularidade, a obra necessitava de intérpretes de renome e grande receptividade. Tarcísio Meira não aparece por mais de um minuto. O mesmo poderia dizer-se de John Herbert, Patrícia Scalvi, Vanja Orico e outros. Entre esses, com pouco mais destaque, teremos Hingst. Interpreta um capitão de tropa, da bandeira, passando da admiração quase doentia pelos feitos de Fernão Dias Paes Leme, até o desencanto total quando abandona o velho bandeirante, maleitoso e cada vez mais insano.
Este percurso interior do personagem ofereceria oportunidades de primeira, caso fossem exploradas.

O que temos, porém, são intervalações do argumento, em que o personagem explica o andamento da história e nunca a subjetivação. Quase uma repetição de *Vidas Estranhas*. Aliás, toda a parte interpretativa de *O Caçador de Esmeraldas* é fraca, com exceção de Jofre Soares que se devota por inteiro ao personagem. Como era típico das produções paulistas daquele momento, não havia som direto.

Na dublagem, Jofre teve sua voz substituída pela voz de Dionísio de Azevedo, enquanto o personagem do padre e primo de Fernão Dias, interpretado por Dionísio, era dublado por outra pessoa. Resumindo, o pouco que aparece de Sérgio é produto da sua perseverança profissional, tentando superar as carências do personagem ao lado de um diretor que, diziam, por conflitar com as posições sindicalistas de Hingst, mas tendo que engolir as imposições dos produtores, enquadrava Hingst sempre ao fundo ou nas sombras.

Lucíola, o Anjo Pecador é a adaptação que Alfredo Sternheim dirigiu e adaptou do livro homônimo de José de Alencar. Aqui ele interpreta um velho devasso, debochado, que nas mãos de outros seria uma repetição do Bob Simão, que Sérgio, com o cuidado com que montava seus personagens, principalmente quando podia contar com apoio da direção, soube como inverter os sinais para aplainá-lo dentro do exigido na adaptação.

Ele aparece em exatamente cinco seqüências e apenas na primeira é o foco da ação. Seu nome virá, muito a propósito, adjetivado como Ator Convidado.

Em Lucíola, com Rossana Ghessa

Mestiça, Escrava Indomável que também poderia ser *A Escrava Isaura*, é um dramalhão ambientado no século XIX, antes da libertação dos escravos, onde todos os intérpretes lutam para tornar seus personagens menos esquemáticos que os do original de Gilda de Abreu. Tarefa de Hércules.

Em Mestiça, *com Wamor Chagas, Lola Brah, Miriam Mehler e Liana Duval, entre outros*

Cio, Uma Verdadeira História de Amor na época em que foi lançado consistia num tema tabu, já utilizado, mas de maneira dissimulada, por Carlos Hugo Christensen, em *O Menino e o Vento*. Fauzi Mansur avançou até onde o homossexualismo era permitido em 1971. A participação do personagem de Hingst fica fora desta celeuma. É amigo do engenheiro da área automobilística, sentindo forte atração por um engraxate migrante, desencantado com a vida e com o que produz.

Gostaria de voltar a ser psiquiatra. Sua primeira aparição é de costas, dialogando com o amigo. Levanta-se e dirige-se ao fundo da sala quando então, o teremos de frente, enquanto outros problemas são tratados. Mais à frente, o diretor-roteirista o torna coro grego, transmissor do pensamento de personagens contrários, mas compreensivos. O cuidado que Sérgio colocava nas suas participações fica evidente na forma como volta a utilizar as mãos. No *Pornógrafo* era o punho acirrado do vencedor, aqui a mão acomodada docilmente no guarda-pó. Próximo ao final, bêbado numa festa, tem um momento de destempero, pondo a nu intimidades pessoais e infidelidades da esposa. Percebe-se que sua participação deve-se a um personagem que poucos atores importantes manteriam com dignidade. Se retirado da trama, em nada prejudicaria o filme no todo.

Com *Um Anjo Mau*, de 1971, Roberto Santos chegava ao sexto longa-metragem, desde *O Grande Momento*, de 1957. Era a história de um ser infeliz, Açucena, vendida pela mãe, ainda criança, depois prostituta de estrada. Uma desglamourizada Adriana Prieto vivia o personagem perturbador.

Após muitos incidentes, une-se a outro desajustado e juntos irão empreender uma vingança contra todos aqueles que direta ou indiretamente a haviam sacrificado. Sérgio era o principal destes causadores. Um latifundiário bárbaro e feroz, que não teme enforcar o companheiro de Açucena *"para manter o respeito"*. Seu personagem transita do despotismo frio ao pavor covarde diante de inimigos mais fortes.

Contrariamente a Osvaldo de Oliveira, Roberto Santos e Hingst eram amigos desde a época das associações, manifestos, encontros e congressos. Era a época do pós-cinema novo, onde berrar ainda fazia parte da estética. Acrescente-se a isso a forte influência que cinema japonês exerceu sobre Roberto a partir de 1960. O filme segue este clima. Todos se exasperam à medula, menos Sérgio que, apesar do personagem permitir-lhe mais - Milton Ribeiro, por exemplo, iria ao paranóico - ele mantém-se numa linha sóbria que, porém, não esconde o fanatismo do jaguncismo.

Maria... Sempre Maria foi o último trabalho do diretor Eduardo Llorente, outro amigo de Hingst. Inteiramente fora do seu estilo anterior, dedicado preferencialmente a cantores regionais, ele faz um filme alegórico, beirando o onírico, com forte dose de religiosidade. O conteúdo do filme fica completamente comprometido pelas conclusões teosóficas infantis.

A Sérgio cabe o principal papel masculino, superior aos de Mauro Mendonça e Roberto Boland, apesar de só aparecer quando um terço do filme já transcorreu, narrando as desditas de uma ingênua que sai da cidadezinha do interior para tentar coisas maiores. Mas ela será seduzida e conduzida para os bares e boates caindo na prostituição. É nesse ambiente que o bom burguês interpretado por Hingst irá conhecê-la. Estranhamente, o argumento abandona a trama participativa da moça e começa a narrar a do homem. Quando termina o flash-back retorna o caso dos dois. Eles se amam, ela se redime mas, sem maiores explicações, o homem se suicida afirmando que a intolerância da sociedade os desgraçou. Depois ela será encontrada morta, entre pedras, junto ao mar. Com esse roteiro descabelado, Sérgio compõe, sem a ajuda da direção ou apoio do argumento, uma interpretação humana e aceitável.

Uma Tarde, Outra Tarde – *Estou na sala do presidente do Instituto Nacional do Livro, Renato Santos Pereira. Do que falávamos, o tempo já apagou. Foi uma visita de cortesia, estava de passagem no Rio de Janeiro. Renato e Geraldo Santos Pereira também passaram pela*

Vera Cruz. No filme Luz Apagada, *Geraldo era primeiro assistente e eu segundo, também ator no filme. Depois dirigiram, em dupla,* Rebelião em Vila Rica. *Geraldo também publicou* Plano Geral do Cinema, *livro sobre problemas técnicos e econômicos do cinema brasileiro. A certa altura entra pela porta particular, sem aviso, uma pessoa. Renato apresenta-me Josué Montello. Renato informa-me que era uma entrada particular para as pessoas mais chegadas que entravam sem avisar. Recebo com uma dedicatória,* Caminho da Fonte, *livro que fora editado pelo INL. Renato comenta com o escritor sobre o discurso que o presidente Juscelino Kubitschek havia feito naqueles dias, fazendo alusão a uma passagem que entendiam importante para o presidente. Fiquei sabendo que o discurso fora escrito pelo Montello. Tempos depois, na portaria do hotel, em Angra dos Reis, encontro de novo o escritor com sua mulher. Lembrei sobre aquele encontro na sala do diretor da INL. Delicadamente disse se lembrar, o que provavelmente não era verdade. Almoçamos juntos, William Cobbett, Eliana, sua mulher, Montello, sua mulher e eu. Assim, vi pela segunda vez o escritor. Eu agora como protagonista do filme* Uma Tarde, Outra Tarde, *dirigido pelo Cobbett e história do escritor.*

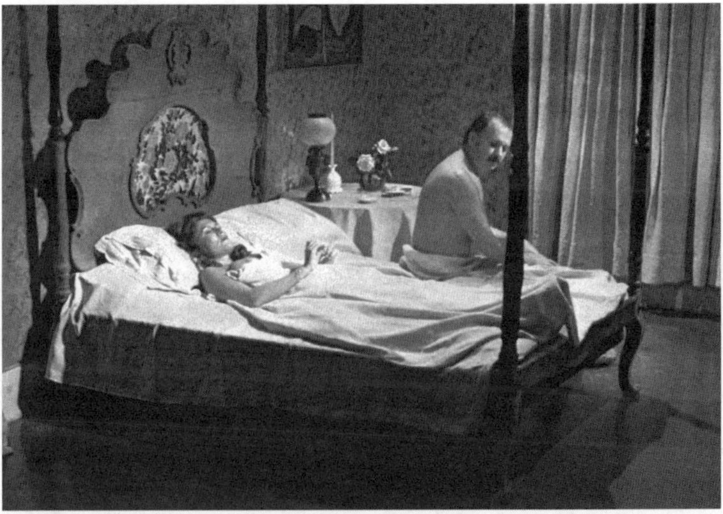

Cenas de Uma Tarde Outra Tarde

A *Casa das Tentações* - Esta seria, do ponto de vista cronologico, a última das produções, e artisticamente como a menos importante da obra de Rubem Biáfora. É um ajuste de contas com o passado, reunindo na *Casa das Tentações*, amigos, desamigos e inimigos.

Os que não o conheceram na intimidade chegarão a conclusões estapafúrdias a respeito da sua temática e estética. Os que nunca o leram ficarão perplexos com a insistência de pôsteres de Greta Garbo, Irmãos Marx e outros luminares da cinematografia americana. Julgarão que a placa martelada na frente do casarão em ruínas, como última imagem do filme, significa o fim do ciclo da *Casa das Tentações* e não a liberação de um íncubo calcado e recalcado durante décadas: *Cidadão Kane*, que em certo momento da sua vida de inconformado perene com a sujeição do cinema ao partidarismo político, elegeu Orson Welles como *o maior cineasta do mundo*, para anos depois proclamar: *ele não me engana mais*, sempre em oposição aos acomodamentos da crítica.

O demônio e a morte acompanharam Biáfora desde a infância. Apesar de proclamar-se ateu e marxista, a presença de Deus foi uma sombra que o acompanhou ao lado do demonismo secreto ou não, que ele tanto admirava nos suecos, que neste filme aparece inclusive com a cor vermelha. Estas coisas já podem ser pressentidas em *Ravina*, na figura feminina, esquálida que por duas vezes atravessa o fotograma, reminiscências de Bergman e, principalmente, do velho guarda-trens, batendo com

o martelo nas rodas do trem onde viaja *Anna Karenina* de Julien Duvivier, que ele considerava o maior dos franceses da década 1930.
A cruz aparece explícita quando Flávio Porto entra num quarto, levanta os braços e abertos, enlaça o batente da porta formando uma imagem de crucificado. O amigo de todas as horas, Rubens Ewald Filho, representa a crucifixão explicitamente. Diferente de *Ravina* e *O Quarto*, onde Sérgio tinha papéis de relevo, aqui ele é um dos tantos convidados com os quais Biáfora, psicanaliticamente, fazia seu ajuste de contas, tanto com os amigos, como com os que ele considerava detratores.

Armando uma seqüência para que participassem apenas os amigos queridos, veremos assistindo ao show, misérias humanas que desfilam no palquinho sórdido, Pedro Paulo Hatheyer, José Julio Spiewack, Pedro Stepanenko, Francisco Curcio, Dorothy Leiner, Nieta Junqueira. Sérgio participa pela única vez nesse momento. São planos breves, apenas com o rosto, cigarrilha na boca. Somando todas as tomadas não se chega a vinte segundos. Antes de escrevermos estas linhas consultamos amigos, desamigos e inimigos que gozaram da sua intimidade para esclarecimentos e, mesmo assim, eles eram conflitantes. Como logo mais a maioria desaparecerá, *A Casa das Tentações* continuará uma incógnita.

Com *Lilian M, Relatório Confidencial*, Carlos Reichenbach realizava seu segundo longa-metragem inteiro. Nos anteriores havia realizado episódios em longas. Após o primeiro longa sozinho, associou-se à Jota Filmes, produtora de filmes publicitários para a TV. Por três anos exercitou neste setor. Com o dinheiro ganho e contando com toda a maquinaria, mais as sobras de negativo, cenografias, roupas e acessórios, começou *Lílian...*, sabendo que não o filmaria de uma vez, mas nos intervalos de outros publicitários.

O filme tem um caráter anárquico, confrontando o classicismo cinematográfico. A personagem Lilian deixa marido lavrador e filhos na área rural e foge com um mascate. Um acidente mortal a leva à prostituição na grande cidade. Cada novo amante corresponde a um novo estilo do filme, sempre em tom de achincalhe. Os amantes transitam de bandido pé-de-chinelo a tarado nazista, de palrador desmesurado a travesti. Sérgio interpretará um funcionário público conformado, morando com a irmã, motivo de chacota na repartição, humano e crente na humanidade. Ele precisa interpretar a caricatura com seriedade. Os diálogos com a irmã, inconformada em ter que admitir na casa uma prostituta que o irmão retirou do prostíbulo, são marcados pela sátira que faz de filmes semelhantes. Uma empreitada difícil que Sérgio desincumbiu-se com a mesma galhardia que empregou quando trabalhou personagens afins em *O Quarto* e *Maria... Sempre Maria*.

Para a realização de *Aleluia Gretchen*, Sylvio Back cercou-se, preferencialmente, de atores de filiação alemã: Kate Hansen, Lala Schneider, Lúcio Weber, Lilian Lemmertz, Lauro Hanke e Sérgio

Hingst. Com isso ele não desejava apenas uma aproximação fisionômica, mas também espiritual com os acontecimentos inventados e outros que ele sempre afirmou partirem de fatos reais, quiçá, pertencentes à sua família. Em 1975, quando foi filmado, Sérgio contava 52 anos, idade igual, ou muito próxima, do professor Ross, que abandonou a Alemanha por não concordar com o nazismo e também por não ter coragem suficiente para assumir qualquer reação. Ele tem contra si boa parte da família, principalmente a esposa Lotte, otimamente interpretada por Míriam Pires, que não titubeou em entregar a filha a uma colônia destinada a aperfeiçoamento racial.

O pacato, democrático e acomodado Ross é composto por Hingst, a partir do ventre arredondado, óculos de alto grau, andar lento, fala pausada, mesmo quando defende com paixão seus princípios filosóficos.

Contrariamente, o resto do elenco imposta de forma beirando a ópera, típica da segunda parte do cinema novo, de forma perfeita por Míriam

Pires, imperfeita por Kate Hansen. Hingst domina seu personagem seja quando deve ficar em total silêncio, no lado de fora do quarto aguardando a velha esposa despir-se para deitar, seja no longíssimo monólogo de 3 minutos e meio, à beira do túmulo.

É uma composição total, rara no cinema, como *Zorba* ou o padre de *Roma, Cidade Aberta*. Ele chegara à síntese que os poucos grandes atores atingem com a idade e o trabalho contínuo.

Em *Doramundo*, de João Batista de Andrade, a passividade de Ross é transferida para o ferroviário idoso, aceitando e respeitando os superiores hierárquicos. Um trabalho de assimilação do clima do filme, caminhando dentro dele. Não tem nenhum primeiro plano que o distinga dos outros em destaque. Sempre em plano médio, junto a outros intérpretes ou figurantes, a idéia é nivelar um entre cem.

Antônio Pólo Galante foi outro produtor proveniente dos quadros da estiva. Foi eletricista, maquinista, assistente de câmera, diretor de fotografia e por último dono da Servicine, uma produtora que perambulou por todos os gêneros, do sertanejo ao erótico, do drama à comédia, e dentro deles, aceitando de Walter Khouri a Osvaldo de Oliveira. Poucas vezes fracassou, porque nascera com o tino do produtor que sabia escolher o tema e o diretor adequado, senso que faltava a Franco Zampari, Marinho Audrá e Mário Civelli. Os tempos eram de praticar o que estava vedado na TV como sadismo, violações, homicídio em primeiro grau e atrizes despidas, principalmente se elas eram de TV, em que a proibição chegava ao irracional.

Escola Penal de Meninas Violentadas tinha como argumento um grupo de prostitutas que são encaminhadas a um presídio dirigido por uma freira louca - mais tarde é esclarecido: trata-se de uma assassina, que matara a madre verdadeira, e mudara o sistema da prisão, violentando as presidiárias.

Internato de Meninas Virgens, narra as peripécias de uma jovem inocente que é presa e passa a viver momentos dramáticos no reformatório, onde convive com taras, violência, sexo desabrido. Ela se corrompe para fugir.

As Fugitivas Insaciáveis, mostrava a vida numa colônia correcional onde três prisioneiras são assassinadas. Mais tarde seus espíritos voltam para atormentar os habitantes do lugar e o diretor da prisão.

Estes são três exemplos, que poderiam chegar facilmente a trinta. Obedeciam ao que o público constante de cinema brasileiro pedia, em obras onde pouco importava estar representando o diretor da prisão, o padre da prisão ou um presidiário. Tudo assemelhava-se.

E quando dizemos que havia um público fanático e habitué do gênero é porque identificávamos sua presença no gênero erótico. Em um dos filmes desta época e deste gênero, quando pela vigésima vez Aldine Muller repetia um diálogo constante em todos os filmes que interpretava - *Não posso, não posso, eu sou virgem* - alguém retrucou enfastiado nas últimas fileiras do cine Marabá: *Outra vez!*

Noite em Chamas era refilmagem cabocla da superprodução americana *Inferno na Torre*, de 1975, em tom de terceiro mundo. Um funcionário de hotel de luxo excluído, vinga-se explodindo o quadro de luz, que por sua vez se ampliará num incêndio de todo o edifício. Ao mesmo tempo, como no filme de John Guillermin, seremos apresentados às vidas contrastantes que habitam o hotel. Sérgio estava entre estes momentos estilhaçados, contracenando diretamente com a amiga Lola Brah apegada a um cachorro, a quem transfere todo seu afeto e, por sua vez, em eterno confronto com o marido, Augusto, um executivo inconformado com o seu desprezo.

Em 1974, Sérgio esteve envolvido num projeto que, amparando-se numa das propostas mais repetidas no cinema internacional daqueles anos, constaria de três histórias, independentes entre si. A primeira contava com a direção de Alfredo Sternheim, que no ano seguinte novamente o dirigiria em *Lucíola, Anjo Pecador*, do velho amigo de Sérgio, ex-assistente de Khouri, ex-crítico do Estadão e mantendo fortes ligações com o grupo biafórico. O episódio de 30 minutos de *Aquelas Mulheres*, título que vigorava naquele momento, narrava a incomunicabilidade entre o quarentão Sérgio (Paulo) com a esposa (Laura), interpretada por Lilian Lemmertz.

Sérgio aparecia logo no início do episódio intitulado *O Encontro*, acordando de manhã, tomando o café, calmamente, com esposa e filho de 10 ou 12 anos. Lia um pouco de jornal, beijava corriqueiramente a esposa e despedia-se dela, indo levar o filho à escola. Ela saía pouco depois para fazer compras na Rua Augusta. Encontrava-se com antigo namorado do tempo de escola

(Sérgio). Lembravam professores, amigos, beijos furtivos. Aceitava o convite para almoçarem onde outras lembranças os envolviam ainda mais. Por fim, a cama e a desesperança dos dois, levava-os ao pacto de fugirem logo mais à noite.

Já com mala pronta, o premeditado não acontece, porque o filho volta febril da escola. Ela passa a medicá-lo. Chega a noite, e Sérgio a espera no carro em frente ao prédio e só desiste quando vê Paulo, voltando cansado para o apartamento. A seqüência final entre o casal é uma repetição da matinal. Eles jantam, conversam corriqueiramente e vão para cama. Cada qual se volta para um lado. Ele dorme e ela medita sobre o dia. Segundo o método de produção dos paulistas daquele momento, filmava-se sem o som direto. Depois se dublava. A imagem, mesmo sem os diálogos é tão intensa que, mesmo ignorando por completo o texto que estão dizendo, se entende o que estão falando.

O segundo episódio foi dirigido pelo também produtor da empresa, José Maria do Prado, com outros intérpretes num estilo mais ligado às novidades do cinema novo. A terceira história nunca foi realizada e nem os dois primeiros foram sonorizados. Durante algum tempo, Sérgio interessou-se em dirigir a terceira história, mas não conseguiu capital. Passados 4 anos dessa tentativa, ele reunia capital suficiente para produzir outro projeto, *Alucinada Pelo Desejo* (1979) que por sua vez teria ligações com a última peça de teatro na qual trabalharia, *Momento Imoral de Um Político*.

Alucinada Pelo Desejo contaria a história de um executivo que conheceria e viveria intensamente alguns dias na companhia de uma mulher. Isso afetará seu trabalho na empresa a ponto dos colegas ensaiarem uma fuga para seus fantasmas levando-o para uma orgia. Tempos depois, será a vez do chefe da empresa onde trabalha sofrer os mesmos sintomas. Pretendendo apresentar a amante - a mesma que causara tantas atribulações sentimentais a Sérgio - para os funcionários, patrocina uma festa quando as situações atingem o dramático. Sérgio englobava as principais funções no filme,

OURO NACIONAL apresenta uma produção de IMAGEM CINEMATOGRÁFICA
ALUCINADA PELO DESEJO
Sergio HINGST
CHRISTINA KRISTNER
PEDRO STEPANENKO LIDIA COSTA CIRO CORREA DE CASTRO CARLOS MIRANDA
Edward Freund Cleide Singer Melanie del Nero Eduardo Mamede diretor de fotografia · ANTONIO MELIANDE
diretor · SERGIO HINGST produtores associados · FILMEDITORA Ltda. e Prod. Cinematográficas GALANTE

A presença da Censura da época, nos biquínis pintados sobre estas fotos de divulgação de Alucinada Pelo Desejo

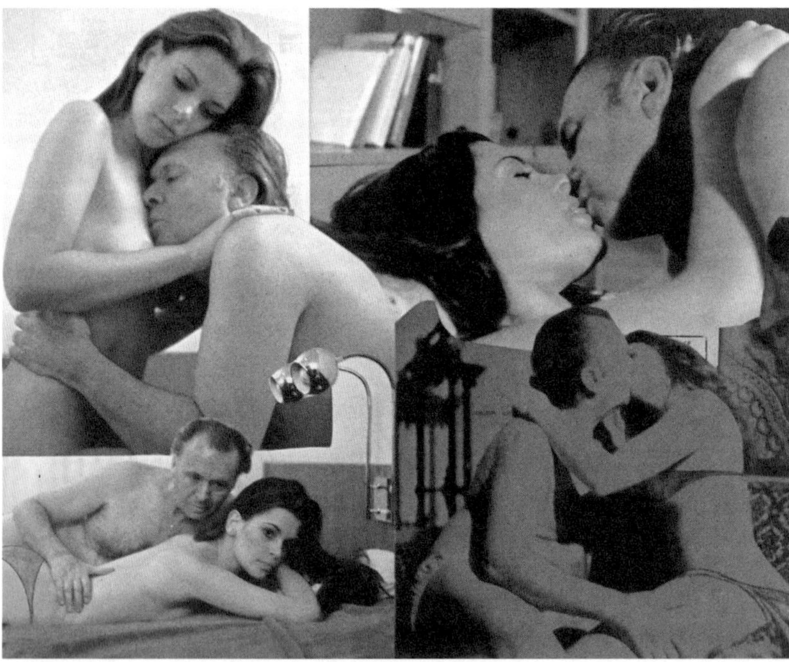

argumento, roteiro, direção e produção. Havia até ali trabalhado com a nata da direção paulista e alguns diretores cariocas, mas infelizmente, isto de nada lhe serviu. O filme beirava o lamentável. Pelo depoimento que o montador Mauro Alice nos concedeu, Sérgio sabia que fracassara e tentava salvar na finalização alguma coisa. O fiasco o abalou para sempre. Nunca mais dirigiria.

Em *À Flor da Pele* tem apenas duas aparições como o inconformado pai da transtornada estudante da ECA, interpretada por Denise Bandeira. A sua primeira aparição tem duração máxima de 10 segundos. A segunda, na beira da piscina, é mais longa, mas nada acrescentando à sua filmografia.

De sua passagem por *Cleo e Daniel* podemos dar testemunho pessoal porque fomos nós que sugerimos a Roberto Freire que o convidasse para uma participação afetiva aparecendo entre os figurantes. Participou ainda de vários outros filmes, alguns como ator principal ou coadjuvante de importância, não significando com isso que tenha se salientado mais do que outros em que aparecendo em meia dúzia de seqüências deixava seu sinete.

Filmes dos Anos 80

O Caos na Boca do Lixo

Não havia nada de positivo nos primeiros anos da década de 80 para o futuro do cinema nacional. A maneira *altaneira* como o governo Geisel tratou os dois choques do petróleo nos anos 70 - mostrando não se importar com as conseqüências do avanço desmesurado do preço do barril, continuando a importar a qualquer preço o combustível - foi fatal para a ditadura militar e para o Brasil. Nós continuávamos passeando impunemente de Fusca enquanto o Estadão publicava a foto de um norueguês que retirara toda a frente do seu Fusca, onde se transportava a bagagem e nela atrelara um cavalo. O país endividou-se até o pescoço e quando Geisel passou o governo ao general Figueiredo, o cruzeiro aviltava-se diariamente. A Embrafilme exaurida deixava de investir e poucos tinham coragem de aplicar dinheiro numa produção. Ainda não viera o pornô explícito, mas caminhava-se célere para ele.

De filme para filme, tentava-se a liberação total. Finalmente, ela foi derrubada com um filme japonês, *O Império dos Sentidos.* Logo em seguida Raffaele Rossi produz *Coisas Eróticas* abrindo a fenda. O gênero traz de volta uma camada de público que há muito voltara às costas para o filme nacional, encucado ou não. A população masculina ansiava em ver seios e púberes de Lucélia Santos, Vera Fischer, Christiane Torloni, Bruna Lombardi, atrizes que na televisão estavam rigorosamente proibidas de mostrá-los. Instituições moralistas se empenhavam com rigor ainda maior que o do próprio censor.

O produtor, de outro lado, perdera a ética completamente. Seqüências filmadas de uma forma na frente dos atores posteriormente, durante a montagem, eram incrementadas com outros planos, mostrando atrizes fazendo amor com animais. Sérgio queixava-se bastante dessa falta de lealdade. Não era moralista, mas queria decidir por si mesmo se valeria a pena ou não participar de uma seqüência sodomítica. Os seus últimos trabalhos, mais tarde, foram enxertados com esta espécie de material.

John Herbert assinava pela primeira vez, sozinho, uma produção, *Ariella*. Dizemos sozinho, porque como muitos outros, havia terminado filmes de terceiros, ou pelo menos dirigido seqüências de amigos enfermos ou impossibilitados. Diferente do que se praticaria nos anos 80, *Ariella* denotava empenho, com alto padrão de fotografia, escolha de locações, costumes e principalmente, cuidado com todos os intérpretes. Sérgio estava entre eles. Ele interpreta um personagem sem ética, dono de empresas e pai de família prepotente. Imagina estar à testa de tudo, apesar de entrevado numa cadeira de rodas, quando na realidade, sua esposa em casa e os filhos na fábrica manejam tudo que querem sem que ele perceba. Herbert soube usá-lo muito bem, seja quando o enquadrava de frente, seja quando aparece de costas, semicalvo e balofo, principalmente na tomada em que ordena que a secretária, nua, desfile com toalhas de banho de cores diferentes para depois, com ela sentada no seu colo, dizer cinicamente que *não se faz mais secretárias como antigamente*. O charuto que ostenta sempre sela a postura do personagem com toda a empáfia. Já dissemos que Sérgio sabia como tirar proveito destas particularidades. Quando viajávamos juntos, era comum ele comprar anéis, cintos, chapéus, esporas, lenços enxadrezados para filmes rurais, antecipando personificações que poderia vir a fazer. Seus primeiros planos em *Ariella*, seja nos momentos de sorriso aberto e olhar de posse, quando no comando, seja nos de cupidez quando violenta a pretensa filha, Ariella, ou ainda nos posteriores, quando a derrocada fica patente, estão entre os melhores da sua carreira.

John Herbert: *O ator Sérgio Hingst é um fenômeno à parte dentro da cinematografia paulista. É o ator que mais filmou em São Paulo, tendo participado de mais de 100 filmes. Trabalhei com ele em alguns filmes e me lembro de sua participação em* O Caso dos Irmãos Naves. *Também o dirigi em* Ariella, *e Sérgio sempre foi ator muito eficiente e profissional. O cinema paulista nunca foi muito divulgado e promovido na mídia, ao contrário do cinema carioca. Por isso este trabalho do Sérgio passou despercebido. Conheci e acompanhei sua dedicação ao sindicalismo e ao movimento associativo do cinema paulista. Ele foi secretário de vários sindicatos durante 30 anos, sempre ligado ao cinema. Foi um homem que nunca abandonou seu posto na defesa do cinema paulista.*

Dois anos depois da produção de *Colegiais e Lições de Sexo*, Juan Bajon voltava com outro material inquietante, percorrendo corredores sórdidos da sociedade, abalando a *honra* de figuras impolutas, no seu estilo seco, mais apoiado no estilo clássico dos expressionistas alemães que ele tanto cultuava do que nas elipses que no mesmo momento uma ala da vanguarda brasileira praticava. Como de costume, a trama maior do argumento era desenvolvida por artistas novatos que ele descobria ou que estavam em início de carreira.

As pontas ou participações - termo que ainda hoje empregamos para papéis curtos - eram curtas e incisivas, não dando espaço a cochilos. Caso falhassem, comprometeria o filme. Bajon recorria aos seus amigos íntimos e participantes para estas pontas. Ewerton de Castro faria a inesquecível interpretação de um psicótico que se identifica com cães. O momento em que ele limpa o rosto com a "patinha" é raro em qualquer cinema do mundo. Abrahão Farc, Ivete Bonfá, Rita Cleos, Lucélia Machiaveli, brilham nos poucos momentos em que aparecem. Desta vez o mesmo não acontece com Sérgio, vivendo de forma obscura um dono amorfo de padaria, numa interpretação normal.

A família de realizadores que produziu *Perdida em Sodoma*, propunha-se a recontar a surrada trajetória da moça interiorana que vem a São Paulo procurar por sua mãe. Ela tramita por mansões e boates de travestis, atravessando um leque de facetas que medeiam do crime à pureza espiritual. Pena que problemas econômicos tenham desarticulado a direção de Nilton Nascimento.

Para piorar, apesar dele contratar o que de melhor no campo da interpretação estava em disponibilidade naquele momento, ele era principalmente diretor de filme, concedendo aos atores inteira liberdade. Com isso, o filme carece de unidade estilística. Salvava-se quem cuidasse de si. É o caso de Hingst e mais um ou dois.

Procuro Uma Cama era seqüela do enorme sucesso de Deni Cavalcanti, *Aluga-se Moça*, provavelmente o maior sucesso do cinema brasileiro. Permaneceu pelos cinco anos que eram concedidos pelos vistos de censura, sempre nos cinemas lançadores. No Art Palácio, de São Paulo retornou por três vezes.

No Vale dos Amantes, o engenheiro agrônomo Carlos Alberto chega de São Paulo na fazenda do Coronel Gomes, que o contratou para fazer o levantamento topográfico da propriedade, onde deverá ser construído um açude. Sexualmente insatisfeita, a mulher de Gomes, Cristina, se envolve com o engenheiro. Berenice, filha do casamento anterior do coronel, trama com Romeu o assassinato de Joana, outra fazendeira, que quer impedir o relacionamento lésbico de sua filha, Estela, com ela, Berenice. Joana sofre um acidente e Carlos Alberto, percebendo que Romeu sabe algo a respeito, acaba descobrindo o crime e denunciando os homicidas ao coronel. Este decide calar-se para proteger a filha. Carlos Alberto abandona Cristina e volta a São Paulo, certo de que o dinheiro comprará a liberdade dos assassinos. Mas estes terminam presos. Como se vê, um típico argumento da Boca no período do filme erótico, amaldiçoado por 80% dos brasileiros. Os outros 20% eram os freqüentadores do Art Palácio ou Marabá que sustentaram o gênero por mais de uma década. Contra todas as censuras que lhe faziam, é um argumento moralista. Sérgio interpretava o Coronel Gomes, sobriamente, meditado, tentando tirar partido das migalhas que lhe oferecia uma obra cujas maiores preocupações eram as de atingir o público.

Onda Nova tentava adequar-se aos novos tempos. Havia necessidade da presença da droga, consumida com a maior naturalidade. Havia necessidade de sexo. Hetero e homo. Homo feminino e masculino. Tudo um centímetro antes do explícito. Na verdade, a juventude e grande parte dos mais idosos trilhavam o que sempre existira mas, restara hipocritamente oculto. Agora ganhava cidadania. José Antônio Garcia e Ícaro Martins, ex-alunos da ECA, juntaram-se aos produtores da Boca, daí resultando um filme modelo, apreciado por todos, inclusive críticos severos como Rubem Biáfora. Ele também estranha que da somatória de duas coisas que ele julgava incompatíveis, a ECA e a Boca, resultasse *O Olho Mágico do Amor*. Realizado com meios parcos, atingia bons momentos, servindo de guia para experiências mais ousadas. Portanto, era com ansiedade que se esperava *Onda Nova*.

A esperança não se realizou, resultando um filme frágil, e sem encanto. Visto hoje ele pode apenas espelhar socialmente, o que acontecia em São Paulo com grupos freqüentadores da Rua

Augusta e da USP. Um grupo de mulheres tenta formar um time feminino de futebol, tendo que passar por todas as agruras da rejeição machista. Imaginar o que Sérgio Hingst está fazendo como um dos financiadores do futebol feminino, ou como ele caiu na produção deste filme é realmente um mistério. Difícil perceber qual a relação que seu personagem teria entre a seqüência inicial, quando ele e mais dois senhores são rejeitados pelas mulheres, e mais adiante, na segunda e na última seqüência, quando expressa todos seus temores ante a onda de sexo e droga que toma o grupo. É um dos raros trabalhos cinematográficos de Sérgio no qual se pode procurar à vontade alguma reação melhor do ator. Ela não existe.

Alfredo Sternheim: *Sacanagem. Tudo bem que a profissão de ator foge da rotina; cada trabalho difere bastante do outro, cada personagem que surge pode permitir novas emoções. Porém, mesmo tendo esse aspecto versátil, é preciso não se deixar dominar pelo que existe de igual em filmagem, não se tornar frio em relação à câmera e aos companheiros de jornada. Sérgio Hingst conseguiu isso, apesar dos mais de 110 filmes em cerca de 30 anos. Ou pelo menos me deu esta impressão nas três vezes em que o dirigi no cinema. Algo metódico, profissional pontual e disciplinado, poderia aparentar certa frieza nos instantes iniciais de convivência no set. Mas em pouco tempo já se percebia um sujeito bem-humorado, fácil de se entrosar com os outros e preocupado com o trabalho propriamente dito, com o tom que o diálogo deveria ter, com as marcações impostas. Já o conhecia de reuniões da classe cinematográfica quando o dirigi pela primeira vez, mas desconhecia sua conduta em filmagem. Sua estréia comigo foi em episódio inédito de* Aquelas Mulheres, *em que viveu o marido desatento afetivamente da mulher interpretada pela Lilian Lemmertz. Depois foi um cavalheiro rico e devasso no final do século XVIII em* Lucíola, Anjo Pecador; *era seu personagem sem escrúpulos que empurrava a protagonista para a prostituição. Sua presença, sem exagero, é marcante em especial na seqüência em que ele inaugura os quadros de*

Lucíola nua. Anos depois, ele interpreta um delegado em Gatas no Cio, *episódio do filme* Sacanagem *que tinha uma história meio fantasmagórica. Foi um trabalho de curta duração (creio que uns dois dias) em ótimo ambiente e com a camaradagem e a disciplina de sempre. A impressionante atividade de Sérgio em várias décadas, não o tornou presunçoso. Apenas, claro, tinha mais casos para contar. E contava na hora certa, nos intervalos. Sua longa filmografia comprova que além de talento, várias vezes premiado, tinha um comportamento que, creio, jamais o indispôs com qualquer diretor. Daí ser chamado com insistência. Eu só não o convidei mais por falta de oportunidade. Sua serena presença no set era sempre estimulante.*

Segundo o folheto de propaganda que acompanhava o filme: Sexo Animal é *a história de um amor levado às últimas conseqüências. Tem como ponto de partida Jonas, um homem incomum, um deserdado da sorte contratado por uma grande firma imobiliária para ser o caseiro de uma residência de luxo, nos arrabaldes da grande cidade. Nessa mesma residência, utilizada pelo dono da imobiliária para promover festas, onde campeia a imoralidade em seu mais alto grau de depravação, Jonas conhece Tânia, uma prostituta de luxo, por quem se apaixona, sem que esta nem sequer saiba da sua existência. Em outra ocasião festiva, Tânia é gravemente ferida por Onofre, o brutal proprietário da imobiliária que a deseja. Onofre ainda obriga Jonas a relacionar-se sexualmente com uma das bacantes, na frente de todos os devassos convivas e, como prêmio maior, obriga-o ainda a responsabilizar-se pela infeliz Tânia. Sem alternativa, Jonas o faz. A partir daí, Jonas modifica-se radicalmente. Humaniza-se somente ao lado do objeto de seu amor. Tânia, aos poucos se restabelece e, ao perceber que ele, Jonas, a quer para si, decide usá-lo como arma para vingar-se de Onofre, de quem pretende extorquir dinheiro. Onofre reaparece na casa com o firme propósito de levar Tânia embora. Jonas impede-o. Tânia aproveitando-se disso, diz a Onofre que a única coisa que quer é dinheiro. Só muito dinheiro poderia pagar o mal feito a ela! O milionário desiste de seu intento e se vai. Neste ponto da narrativa, homens estranhos começam a chegar à casa, acuando Jonas e Tânia, até que eles se vêem confinados num sótão. É ali, naquela espécie de ratoeira que se animalizam numa degradação moral até o final surpreendente.*

A sinopse na integra é para termos uma idéia mais completa do que os *boqueiros* estavam oferecendo à sua clientela: alto clima dramático recheado de sexo. Era dentro destes parâmetros que os intérpretes contratados ou convidados deveriam se movimentar. Possivelmente esta seria a última vez em que Hingst teria oportunidade de extravasar-se num personagem apoiado em boa carga dramática e, principalmente, desenvolvido dentro do tempo necessário, diferentemente do que vinha acontecendo nos últimos 15 anos, com participações confinadas a duas seqüências. A trama criada por Fauzi Mansur e Older Costa manipula com maestria Onofre, debatendo-se com Tânia e Jonas em igualdade de condições daí resultando um belíssimo duelo de interpretações.

Sérgio Hingst: Elite Devassa - *Paulo Emilio Sales Gomes ainda era catedrático da USP/Cinema. Me convidou, como convidava outros profissionais de cinema para bater papo, como parte do currículo da Escola de Cinema. Dizia ele nessa oportunidade da importância de conhecimentos práticos dos alunos da ECA/CINEMA. No meu caso era para falar da Vera Cruz, minhas experiências. Fiz um relato da minha passagem pela Vera Cruz. Não sei até que ponto aquela vivência serviu para os alunos, pois nessa época ainda estava presente o slogan de Glauber Rocha,* uma câmara na mão e uma idéia na cabeça. *Do que me lembro, fiquei com a impressão que a maioria dos alunos, devia ter achado chato, muito chato. Tempos depois falando com Eduardo Leone, professor de montagem e ex-aluno da ECA, me dizia que infelizmente a maioria dos alunos queriam ser diretores de cinema, e que sempre tinham ou poderiam ter uma história legal para filmar. Enfim, essa foi a minha impressão. Por que essa lembrança? Ontem, 21/10/83, sábado, passei o dia filmando uma pequena participação no filme* Fogo, *dirigido pelo Luiz Castillini, produção da Aurora Duarte. Estavam lá filmando, Patrícia Scalvi, Analy Alvarez e Selma Egrei. O Luis Serra veio trazer a Analy, sua mulher, para filmar. Converso com o Luis Serra e uma assistente de direção do filme, que me diz:* Sérgio, sabe de onde te conheço? Foi na Escola de Cinema da ECA, quando você foi dar aquela aula sobre a Vera Cruz, lembra-se? *Perguntei se aquele meu bate-papo não tinha sido muito chato. Me disse que tinha ficado toda interessada. Entendi que era uma aluna daquela época quem estava falando.*

Sérgio se engana quanto ao título *Fogo*. Este era o título do livro de Adelaide Carraro, de onde Castillini fizera a adaptação de *Elite Devassa*.

Sérgio Hingst - *Enquanto esperamos para filmar, são 18h30 mais ou menos, na sala da casa de um marchand na Vila Cordeiro, em São Paulo. Ouço e registro mais um causo de cinema. Aurora Duarte relembra que havia ficado doidamente apaixonada por Alberto Ruschel durante as filmagens de* O Capanga, *produção de José Antônio Orsini, em 1958. O Alberto havia sido convidado para ir filmar na Espanha e a Aurora idem. Acabou não indo. Dizia a Aurora que o Fernando de Barros, marido da Marisa Prado, na época, havia ajeitado as coisas para a Marisa. Combinou com o Alberto que ele mandaria uma carta dizendo que esperava por ela na Espanha e ela ao mesmo tempo, escreveria para ele dizendo se estava interessada em ir. Se coincidisse então ela iria. Antes que isso ocorresse a Aurora soube que o Alberto havia tido um caso com a Marisa na Espanha. Houve até troca de tabefes entre o Alberto e o Fernando. Assim ela esqueceu o fato. E tudo isso foi a propósito de que tudo passa, dizia a Aurora. E ainda afirmava:* Pensar que eu nem dormia por causa do Alberto, enquanto hoje isso nada significa.

No *A Freira e a Tortura*, do amigo Ozualdo Candeias, único filme que fizeram juntos, Sérgio faz outra composição característica, um carcereiro meio diplóide, com dentadura postiça. Candeias imprimiu um estilo anti- realista no filme, dando a todos os atores, com exceção de Vera Gimenez, uma marcação afetada, composta. Hingst não vai bem, poucas vezes alcançando o que ele pode fazer. A dublagem prejudicou ainda mais a sua interpretação.

Sérgio Hingst – *A freira deveria ler este texto. Seria um trecho de uma poesia escrita por um preso. Frases, ditos, etc., que se encontram nas cadeias por este Brasil afora. O texto com a grafia do Ozualdo Candeias do original da peça escrita pelo Jorge Andrade. Posteriormente Candeias escreveu outro trecho do Folhetim da Folha de S. Paulo:* De repente nestes dias começam a desaparecer pessoas, estranhamente. Desaparece-se muito nestes dias.

O Ozualdo diz que seu roteiro é bem diferente da peça do Jorge Andrade e durante as filmagens vai mudando. Não altera o sentido, mas muda situações e diálogos. Ensaia muito. De 15 a 30 vezes, arma a cena através dos ensaios. Começa-se marcando um pouco, a idéia que se tem é que antes de colocar a câmera ele não tem certeza de nada. É realmente desgastante para os atores, seu linguajar não é definido, a cada momento vem uma surpresa. Temos que reconhecer que o resultado pode ser inusitado. Nunca ensaia os atores, pelo contrário, coloca os atores em função da câmera. Não filma em contracampo. Costuma dar instruções para os atores, mesmo depois de ter ensaiado ou marcado pelo menos uma de cada 15 ou 30 vezes. Para ele os atores não entendem o que está falando, está sempre certo. Não percebe seu comportamento. Nunca explica a cena por completo.

Em *À Flor da Pele*, Sabrina é prostituta do cais do porto e amiga-se com um desempregado, fazendo-o participar da marginalidade. Eles aplicam o conto do suadouro. Enquanto ela leva o freguês para a cama, o rapaz rouba os pertences do freguês. Sérgio é dos tantos freqüentadores.

Ainda outros filmes fazem parte da sua filmografia nos anos 80, mas sua última atuação aconteceu num curta-metragem dirigido por Tony de Souza. É paradigmática desde o título, *O Fazedor de Fitas Inacabadas, de 1985.* Um diretor-produtor submete-se a todos os ultrajes e atitudes nada éticas na ânsia de arranjar meios para realização de um filme. Sérgio encarna um destes pretendentes. Velho, rico, pode dizer sem peias o que bem entende. Em certo momento, depois de afirmar que não dará dinheiro para a produção, vira-se para a câmara e dá a ordem de *corta!*

Na maioria das vezes os títulos pouco dizem do conteúdo do filme. De maneira proposital, transcrevemos muitas sinopses que evidenciam o quanto estávamos cerceados pelo distribuidor-exibidor que exigia sal e pimenta aos quilos. A imposição começava no próprio título, acarretando ao esgotamento a repetição de termos como *Orgia, Prisioneira, Virgem, Bacanal, Vadia, Veado, Promiscuidade, Gemidos, Sussuros, Incesto, Cio, Camisinha*. Somente os títulos forneceriam material para duzentas teses de doutorado.

Filmografia
Longas-metragens

Anos 50

Ângela
produção: Vera Cruz – direção: Tom Payne e Abílio Pereira de Almeida – fotografia: Chick Fowle – montagem: Oswaldo Hafenrichter – Lançamento: 16-06-51- Cine Marabá

Tico Tico no Fubá

prod. Vera Cruz – dir. Adolfo Celi – arg. Jacques Maret – fot. Chick Fowle – mont. Oswaldo Hafenrichter – 20-04-52 - Cine Art Palácio

Luz Apagada
prod. Vera Cruz – arg. e dir. Carlos Thiré – fot. Bob Huke – mont. Oswaldo Hafenrichter – 02-12-53 – Cine Ipiranga

Nadando em Dinheiro
prod. Vera Cruz – dir. Abílio Pereira de Almeida e Carlos Thiré – arg. Abílio P. A. - fot. Bob Huke – mont. Oswaldo Hafenrichter – 27-10-52- Cine Art Palácio

Em Luz Apagada

Floradas na Serra

prod. Vera Cruz – dir. Luciano Salce – arg. Fábio Carpi – fot.: Ray Sturgess – mont.: Oswaldo Hafenrichter - 06-10-54- Cine Ipiranga

Sob o Céu da Bahia

prod. Corona Filmes – dir. e arg. Ernesto Remani – fot. Hubert Corell – mont. Lúcio Braun. – 27-05- 59- Cine República

Estranho Encontro

prod. Brasil Filmes – dir. e arg. Walter Hugo Khouri – mont. Lúcio Braun. 28-05-58- Cine Ipiranga

Ravina

prod. Brasil Filmes – dir. Rubem Biáfora – arg. Walter Guimarães Motta – fot. Chick Fowle – mont. Mauro Alice - Cine Ipiranga

Em Ravina, *com Hélio Ansaldo*

Anos 60

Na Garganta do Diabo

prod. Carlos Szili – dir. e arg. Walter Hugo Khouri – fot. Rudolph Icsey - 04-05-60 - Cine República

Luta nos Pampas

prod. Guarapari Filmes – arg. e dir. Alberto Severi – fot. Giorgio Atili – mont. Sylvio Renoldi - 25-09-65 - Cine República

Vigilante Rodoviário

Série em episódios. Prod: Alfredo Palácios

Imitando o Sol

prod. Vera Cruz – arg. e dir. Geraldo Vietri – fot. Marcial A. Fraga - mont. Mauro Alice - 22-03-65 – Cine Rio Branco

O Matador

prod. José da Costa Cordeiro – dir. Amaro César e Egydio Éccio – arg. Amaro César – mont. Egydio Éccio. 26-02-68 – Cine Marabá

Em O Matador, *com Egydio Éccio*

Mulher Satânica

prod. Ernst R. von Theumer – arg. e dir. Alfonz Stunman – fot. Hans Schneeberg - mont. Eugen Kruchen -1964

Vidas Estranhas

prod. John Fostini - arg. Itamar Borges – dir. e fot. Tony Rabatoni – mont. Glauco Mirko Laurelli - 15-06-68 – Cine Olido

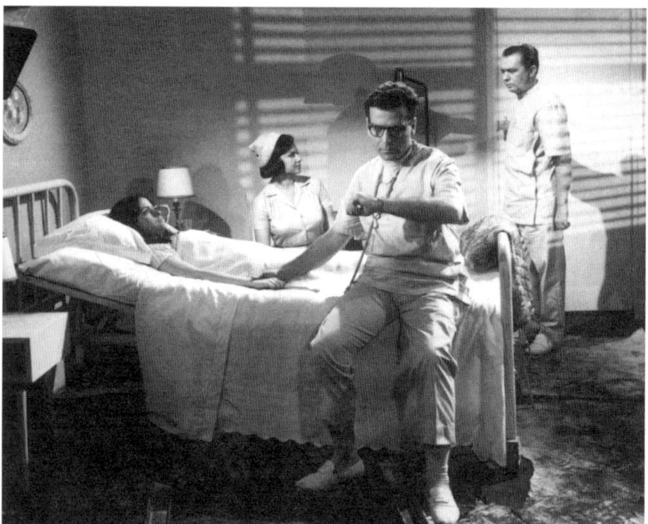

Em Vidas Estranhas

Corpo Ardente

prod. Kamera Filmes – arg. e dir. Walter Hugo Khouri – fot. Rudolph Icsey – mont. Mauro Alice. 05-12-66 – Cine Ipiranga

Em Corpo Ardente

As Cariocas

prod. Wall Filmes - dir. Fernando de Barros, Walter Hugo Khouri e Roberto Santos - arg. Stanislaw Ponte Preta – fot. Ricardo Aronovich – mont. Máximo Barro - 01-10-66 - Cine Paulistano

O Caso dos Irmãos Naves

prod. Lauper Filmes – dir. Luis Sérgio Person – arg. João Alamy Filho – fot. Osvaldo de Oliveira – mont. Glauco Mirko Laurelli – 04-06-67 – Cine Ipiranga

O Quarto

prod. Data Filmes - arg. e dir. Rubem Biáfora – fot. Rudolph Icsey – mont. Máximo Barro – 09-12-68 – Cine Metrópole

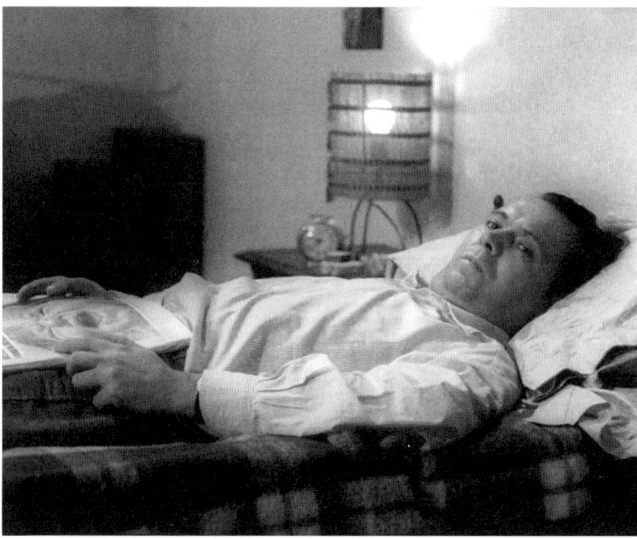

Em O Quarto

Adultério à Brasileira

prod. Pedro Carlos Rovai – dir. e arg. Pedro Carlos Rovai – fot. Helio Silva – mont. Jovita Pereira Dias – 03-11-69- Cine Paulistano

Em Adultério à Brasileira

O Bandido da Luz Vermelha

prod. José Alberto dos Reis, Rogério Sganzerla e José da Costa Cordeiro - dir. Rogério Sganzerla - fot. Peter Overbeck – mont. de Sylvio Renoldi - 1968

Quelé do Pajeú

prod. Rui Pereira da Silva – dir. Anselmo Duarte – arg. Lima Barreto – fot. José Rosa – mont. Sylvio Renoldi – 20-04-70- Cine Windsor

A Arte de Amar... Bem

prod. Alberto Miranda – dir. e rot. Fernando de Barros - baseado em peças de Silveira Sampaio – fot. Rudolph Icsey e Antônio G. Galves – mont. Máximo Barro -1970

O Cangaceiro Sanguinário

prod. Servicine - dir. Osvaldo Oliveira - arg. Enzo Barone – fot. Antônio Meliande – mont. Sylvio Renoldi - 21-04-69 – Cine Art Palácio

O Cangaceiro Sem Deus

prod. Alfredo Palácios e Antônio Pólo Grande – dir. e fot. Osvaldo de Oliveira – arg. Alfredo Palácios – mont. Sylvio Renoldi – Cine Marabá

O Despertar da Besta

prod. Ovni Cinematográfica, José Mojica Marins, Giorgio Attili e George Michel Serkeis - arg. e dir. José Mojica Marins – fot. Giorgio Attili – mont. Nilcemar Leart – nunca foi apresentado comercialmente, apenas em Festivais e sessões especiais.

Em Cangaceiro Sem Deus

O Palácio dos Anjos

prod. Vera Cruz – arg. e dir. Walter Hugo Khouri – fot. Peter Overbeck – mont. Mauro Alice. 25-05-70- Cine Ipiranga

O Profeta da Fome

prod. Odécio Lopes dos Santos- dir. Maurice Capovilla – arg. Fernando Peixoto- fot. Jorge Bodansky - mont. Sylvio Renoldi – 15-06-70 – Cine Bandeirantes

Verão de Fogo

prod. George Chapedelaine – dir. Pierre Kalfon – arg. Jean Bruce – fot. Etienne Becker – mont. Mauro Alice. 30-11-69

Em Verão de Fogo

Anos 70

Cléo e Daniel

prod. Wall Filmes, Fernando de Barros – arg. e dir. Roberto Freire – fot. Rudolph Icsey – mont. Máximo Barro – 04-10-70- Cine Paulistano

As Gatinhas

prod. Alfredo Palácios – dir. Astolfo Araújo - arg. Hamilton Trevisan - fot. Peter Overbeck – mont. Mauro Alice – 25-10-70

O Pornógrafo

prod. Antônio Pólo Galante, Alfredo Palácios, Sylvio Renoldi e João Gallegaro – dir. e arg. João

Callegaro - fot. Osvaldo de Oliveira – mont. Sylvio Renoldi - 23-05-71- Cine Augusta

Cio, Uma Verdadeira História de Amor

prod. Industria Nacional de Filmes – dir. e mont. Fauzi Mansur - arg. Luiz Castillini e Salatiel Coelho – fot. Cláudio Portioli - 14-11-71 - Cine Olido

As Noites de Iemanjá

prod. Astolfo Araújo – dir. Maurice Capovilla – arg. Ida Laura – fot. Eliseu Fernandes – mont. Mauro Alice. 28-11-71- Cine Paissandu

Em As Noites de Iemanjá, *com Joana Fomm*

Um Anjo Mau

prod. Vera Cruz, Walter Hugo Khouri e William Khouri – dir. Roberto Santos – arg. Adonias Filho – fot. Hélio Silva – mont. Miguel Sagatio – 26-06-72 – Cine Paissandu

Independência ou Morte

prod. Cinedistri, Oswaldo Massaini e Aníbal Massaini Neto – dir. e mont. Carlos Coimbra – arg. Abílio Pereira de Almeida – fot. Rudolf Icsey – 02-09-72- Cine Ipiranga

Sinal Vermelho, As Fêmeas

prod. Davilart Produções – arg. dir. e mont. Fauzi Mansur - fot. Antônio Meliande - Marabá

Em Sinal Vermelho, *com David Cardoso, Vera Fischer e Marlene França*

Fora das Grades

prod. Rubem Biáfora – arg. e dir. Astolfo Araújo – fot. Eliseu Fernandes – mont. Sylvio Renoldi – 26-11-72- Cine Marrocos

Um Pistoleiro Chamado Caviúna

prod. Servicine (Moacir Gadoti) – arg. dir. fot. e mont. Edward Freund – mont. Walter Wani – 24-12-72- Cine Saci

Anjo Loiro

prod. Elias Cury – dir. Alfredo Sternheim – arg. José de Alencar, Alfredo Sternheim e Juan Siringo baseado no romance Professor Unrath de Heinrich Mann – fot. Reynaldo Paes de Barros – mont. Eduardo Leone – 29-10-73 – Cine Olido

As Cangaceiras Eróticas

prod. Servicine, Alfredo Palácios – dir. Roberto Mauro – arg. Marcos Rey - fot. Eliseu Fernandes – mont. Mauro Alice - 05-08- 74 – Cine Marabá

Núpcias Vermelhas

prod. Davilart Produções Cinematográficas, Jimmy Barbosa Levy – arg. dir.e mont. Fauzi Mansur (J. Marreco) – fot. Cláudio Portioli (J. Marreco) – 20-01-75 - Cine Marabá

A Superfêmea

prod. Cinedristi, Oswaldo Massaini e Aníbal Massaini Neto – dir. Aníbal Massaini Neto – arg. Aníbal Massaini Neto, Lauro Cezar Muniz, Adriana Stuart e Alexandre Pires – fot. Osvaldo Oliveira e Antônio Meliande – mont. Lúcio Braun – 05-11-73- Cine Ipiranga

Maria... Sempre Maria

prod. Cinematográfica Santa Rita, Gilberto L. Ledon e Eduardo Llorente - arg. dir. e mont. Eduardo Llorente – fot. Ozualdo Candeias - 15-12-73- Cine Barão

Ainda Agarro Esta Vizinha

prod. e dir. Pedro Carlos Rovai e Egon Frank – arg. Marcos Rey – fot. Tony Rabatoni – mont. Raimundo Higino – 06-09-74- Cine Olido

Aquelas Mulheres

prod. José Maria do Prado – arg. e dir. Alfredo Sternheim – fot. Antônio Meliande - mont. Máximo Barro

Luciola, O Anjo Pecador

prod. Servicine, Alfredo Palácios – dir. Alfredo Sternheim – arg. Alfredo Sternheim baseado no romance de José de Alencar - fot. Antônio

Meliande – mont. Maurício Wilke – 11-08-75- Cine Ipiranga

Mestiça, A Escrava Indomável

prod. Jean Manzon – dir. Lenita Perroy – arg. Gilda de Abreu – fot. Osvaldo de Oliveira – mont. Sylvio Renoldi – 25-02-74- Cine Ipiranga

Trote dos Sádicos

prod. Servicine, Alfredo Palácios – dir. Aldyr Mendes de Souza – arg. Miroel Silveira e Aldyr Mendes de Souza – fot. Antônio Meliande e Cláudio Portioli – mont. Lúcio Braun

Uma Tarde, Outra Tarde

prod. W.C. Produções Cinematográficas – dir. William Cobbett – arg. Josué Montello – fot. Tony Rabatoni – mont. Nello Melli – 26-08-76- Cine Metro 2

A Casa das Tentações

prod. Data Filmes – arg. e dir. Rubem Biáfora – fotog. Cláudio Portioli – mont. Sylvio Renoldi - 19-08-77 – Copan

Clube das Infiéis

prod. Kinema Produtora, Marcos Rossi – dir. Cláudio Cunha – arg. Marcos Rey e Cláudio Cunha – fot. Pio Zamuner – mont. Walter Wanny – 02-06-75- Cine Copan

O Desejo

prod. Servicine, Heron Dávila – arg. e dir. Walter Hugo Khouri – fot. Antônio Meliande – mont. Mauricio Wilke – 17-05-76- Cine Ipiranga

O Dia em que o Santo Pecou

prod. Cinacine Produções Cinematográficas, Décio Gambá – dir. Cláudio Cunha – arg. Benedito Ruy Barbosa – fot. Cláudio Portioli – mont. Inácio Araújo – 14-03-76- Cine Ipiranga

Em Clube das Infiéis

Eu Dou o Que Ela Gosta
prod. Sincro Filmes, Sindoval Aguiar e Braz Chediak – dir. Braz Chediak – arg. Cecil Thiré, Sindoval Aguiar e Braz Chediak – fot. Hélio Silva – mont. Raymundo Higino – 28-07-75- Cine Olido

Lílian M: Confissões Amorosas ou
Lílian M: Relatório Confidencial
prod. Jota Filmes, Elias Curi Filho e Carlos Reichenbach – dir. arg. e fot. Carlos Reichenbach - mont. Inácio de Araújo. 28-07-75- Marachá

Aleluia Gretchen

prod. Sylvio Back Produções – arg. e dir. Sylvio Back - fot. José Medeiros – mont. Inácio Araújo – 23-03-77- Cine Arouche A

À Flor da Pele

prod. Oca Cinematográfica – dir. Francisco Ramalho Jr. - arg. Consuelo de Castro – fot. Lúcio Kodato – mont. Mauricio Wilke – 22-11-76- Cine Olido

Fruto Proibido

prod. Brasecan, Victor di Mello – arg. dir. e mont. Victor di Melo – fot. Edward Freund - 05-06-78 – Cine Metrópole

O Ibrahim do Subúrbio

prod. Sincro Filmes, Pedro Carlos Rovai – dir. Cecil Thiré e Astolfo Araújo - arg. Denis Toledo e Armando Costa – fot. Roberto Pace – mont. Sylvio Renoldi – 20—6-77 – Cine Windsor

As Meninas Querem... E os Coroas Podem

prod. Produções Cinematográficas Galante – dir. e fot. Osvaldo de Oliveira – arg. Antônio Pólo Galante - mont. Miklos Borges – 27-09-76 – Cine Espacial

O Mulherengo

prod. J. Dávila Produções – arg. e dir. Fauzi Mansur – fot. Cláudio Portioli – mont. Walter Wanny. – 07-05-77 – Cine Marrocos

Nem as Enfermeiras Escapam

prod. Phoenis Filme, Lincoln Bueno – dir. André José Adler – arg. Marcos Rey – fot. A J. Moreira – mont. Lúcio Braun - 24-01-77- Cine Marrocos

Em Nem as Enfermeiras Escapam, *com Hugo Bidet e Marivalda*

Ninguém Segura Essas Mulheres

prod. Estúdios Silvio Santos

O Furo – dir. e rot. José Miziara – fot. Antônio Meliande) – dir. Anselmo Duarte, Jece Valadão e Harry Zalkowisitch – fot. Antônio Meliande – mont. Roberto Leme – 31-05-76- Cine Ipiranga

A Noite das Fêmeas

prod. Virginia Filmes, Fauzi Mansur – dir. Fauzi Mansur – arg. Marcos Rey e Fauzi Mansur – fot. Cláudio Portioli – mont. Inácio Araújo - 22-11-76- Cine Olido

Em A Praia do Pecado, *com Andréa Camargo*

A Praia do Pecado

prod. Ouro Filmes, Cassiano Esteves - dir. Roberto Mauro – arg. Carlos Reichenbach – fot. Walter Soares – mont. Sylvio Renoldi – 31-10-77 – Cine Marabá

O Quarto da Viúva

prod. MIS Filme, Ciro Carpentieri – dir. Sebastião de Souza – arg. Marcos Rey – fot. Reinaldo Paes de Barros – mont. Ronaldo Leme - Cine Marabá

Chapéu de Couro

prod. Capri do Brasil – dir. e fot. Salo Felzen – mont. Sylvio Renoldi

Doramundo

prod. Raiz Produções Cinematográficas, Assunção Hernandes – arg. e dir. João Batista de Andrade - fot. Antônio Meliande - mont. Glauco Mirko Laurelli – 20-11-78 - Cine Copan

Escola Penal de Meninas Violentadas

prod. Produções Cinematográficas Galante - dir. e fot. Antônio Meliande – arg. Raja de Aragão e Antônio Pólo Galante - mont. Gilberto Wagner

Internato de Meninas Virgens

prod. Produções Cinematográficas Galante – dir. e fot. Osvaldo de Oliveira – arg. Rajá de Aragão – mont. Roberto Leme - 20-06-77 – Cine Olido

Snuff - Vitimas do Prazer

prod. Kinema Produtora – dir. Cláudio Cunha – arg. Carlos Reichenbach – fot. José Roberto Buzzini – mont. Sylvio Renoldi – 02-05-77 – Cine Marabá

O Caçador de Esmeraldas

prod. Cinedristi - dir. Osvaldo de Oliveira – arg. Hernani Donato – fot. Antônio Meliande – mont. Sylvio Renoldi – 01-09-80 – Cine Ipiranga

As Fugitivas Insaciáveis

prod. Produções Cinematográficas Galante - Dir.

rot. e fot. Osvaldo de Oliveira – mont. Gilberto Wagner – 1978

Em Snuff - Vítimas do Prazer, *com Geraldo Louzano*

Os Galhos do Casamento

prod. Monumental Filmes (Sérgio Kinzkowski – dir. Sérgio Segall – arg. Luiz Castillini Filho – fot. Euclides Fantim - mont. Sérgio Segall - 07-08-78 - Cine Marrocos

Ninfas Diabólicas

prod. Presença Filmes (John Doo) – arg. Ody Fraga - fot. Ozualdo Candeias – mont. Máximo Barro - 21-08-78 - Cine Marrocos

Noite em Chamas

prod. Masp Filmes - dir. Jean Garrett – arg. Luiz Castillini e Carlos Reichenbach – mont. Alain Fresnot - 18-09-78 - Cine Marabá

A Santa Donzela

prod. Marte Filmes, Cassiano Esteves - dir. Flávio Phorto – arg. Lauro César Muniz – fot. Cláudio Portioli – mont. Cassiano Esteves - 21-05-78 - Cine Olido

Alucinada Pelo Desejo

prod. Imagem Cinematográfica – arg. e dir. Sérgio Hingst – fot. Antônio Meliande – mont. Mauro Alice - 20-03-78 - Cine Olido

Colegiais e Lições de Sexo

prod. J.B. Filmes – arg. e dir. Juan Bajon – foto. Antônio Ciambra – mont. Máximo Barro - 08-09-80 – Cine Marrocos

Histórias Que Nossas Babás Não Contavam

prod. Aníbal Massaini Neto - dir. fot . Osvaldo de Oliveira – mont. José Luiz Andreone - 1979

Os Trombadinhas

prod. Newton Rique Empreendimentos e Produções Cinematográficas R F Farias – dir. Anselmo Duarte – arg. Edson Arantes do

Nascimento – fot. Osvaldo de Oliveira – mont. Tadeu Andreu – 18-02-80 - Cine Ipiranga

Anos 80

Ariella

prod. Sincrocine Produções Cinematográficas – dir. John Herbert – arg. Cassandra Rios – fot. Antônio Meliande – mont. Roberto Leme. – 03-11-80 - Cine Paramount 1

A Filha de Emmanuelle

prod. Galante Filmes – arg. dir. e fot. Osvaldo de Oliveira – mont. Gilberto Wagner - 01-01-81 – Cine Marabá

Incesto, Desejo Proibido

prod. Virginia Filmes – arg. e dir. Fauzi Mansur – fot. Cláudio Portioli - mont. José Adauto Cardoso – 06-10-80 – Cine Marabá

Noite de Orgia

prod. Astron Filmes – arg. e dir. Agenor Alves – fot. Giorgio Attili – mont. Walmir Dias – 04-08-80 - Cine Windsor

Orgia das Taras

prod. Virginia Filmes – arg. e dir. Luiz Castillini –

fot. Gesvaldo Arjones Abril – mont. João de Alencar - 13-10-80- Cine Ouro

Devassidão, Orgia do Sexo

prod. e mont. Cassiano Esteves - dir. John Doo - arg. e rot. Waldir Kopesky e John Doo - 1981

A Virgem e o Bem Dotado

prod.Grupo Filmes – arg. fot. e dir. Edward Freund - mont. José Adalto Cardoso. 09-04-81 - Cine Marrocos

Cassino das Bacanais

Dir. Arg. Rot Ary Fernandes - Feito em 81, 16-05-83

A Fábrica de Camisinhas

prod. Procitel Filmes – arg. e dir. Ary Fernandes – fot. Hércules Barbosa – mont. Gilberto Wagner - 13- 09-82 - Cine Marabá

As Meninas de Madame Laura

1981. Dir rot. Ciro Carpentieri

A Noite das Depravadas

Brasil Internacional Cinematográfica – arg. e dir. Juan Bajon – fot. Antônio Ciambra – mont. Máximo Barro - 21-09-81 – Cine Windsor

Curral de Mulheres

prod. Cena Filmes – dir. e fot. Osvaldo de Oliveira

Em Noite das Depravadas, com Misaki Tanaka

– arg. Alfredo Palácios – mont. Gilbertto Wagner - 20-10-82 - Cine Marabá

Perdida em Sodoma

1981- Dir. rot Nilton Nascimento

Prazeres Permitidos

1982 - Dir câmera Antônio Meliande

Procuro Uma Cama

prod. Madial Filmes – arg. e dir. Deni Cavalcanti – fot. Eliseu Fernandes - mont. Máximo Barro - 29-11-82 - Cine Ouro

Sadismo, Aberrações Sexuais

prod. Virginia Filmes – dir. Fauzi Mansur – arg. W. A. Kopezky – 24-01-83 - Cine Windsor

Virginia Filmes
apresenta
SADISMO
um filme de FAUZI MANSUR
aberrações
sexuais
ANA MARIA KREISLER
SERGIO HINGST
ALAN FONTAINE
ARTUR ROVEDEER
DARBY DANIEL
PACO SANCHES
SULEIMAN DAOUD
TONI RODI
participações especiais
JOSÉ LUCAS
FÁTIMA MALUF
RUBENS PIGNATARI
apresentando
MARA SANTOS
co-produtores
JAYME BORK
JOÃO LUIZ DE ARAUJO
RAUL MIGUEL SETTI
distribuição
diretor de fotografia Gesvaldo Arjones Abril

As Safadas

1982- prod. Antônio Pólo Galante. Em episódios. Estava no terceiro, Belinha , a Virgem de Antônio Meliande. Os outros são de Carlos Reichenbach e Inácio Araújo

Vadias Pelo Prazer

prod. Galante Filmes – dir. Antônio Meliande – arg. Ody Fraga - mont. Gilberto Wagner - 1982

O Vale dos Amantes

prod. Madial - arg. fot. e dir. Tony Rabatoni – mont. Máximo Barro - 25-12-82 - Cine Windsor

As Vigaristas do Sexo

prod. Procitel Filmes (Ary Fernandes) – dir. Ary Fernandes – arg. Alfredo Palácios – 1982

Curras Alucinantes

prod. Imagem Cinematográfica – dir. e fot. Antônio Melainde – arg. Raja de Aragão – mont. Eder Mazzini – 23-07-84- Cine Premier

Deu Veado na Cabeça

prod. Carrossel Produções Artísticas – dir. J.B. Rodrigues – arg. Fernando Sandoval e Bentinho – fot. A. J. Moreira - 1983

A Menina e o Cavalo

prod. Ouro Nacional – dir. arg e fot. Conrado

Sanchez – 1983.

Onda Nova

prod. Olympus Filmes - dir. e arg. José Antônio Garcia, Ícaro Martins – fot. Antônio Meliande – 1983.

Promiscuidade

prod. Virginia Filmes e J. D'Ávilla - dir. e arg. Fauzi Mansur – fot. Gesvaldo Arjones – 1983.

Sacanagem

prod. Ladylal Produtora – arg. e dir. Alfredo Sternheim – fot. Reynaldo Paes de Barros – mont. Black Cavalcanti - 01-10-84 - Cine Marabá.

Sexo Animal

prod. Virgínia Filmes - dir. Fauzi Mansur - mont. Joaquim Rodrigues de Souza -1983.

A Doutora É Boa Pacas

prod. Empresa Cinematográfica Rossi - dir. arg. e foto Pio Zamumer e Tony Rabatoni – 1984.

Elite Devassa

prod. Luce Filmes – dir. Luiz Castillini – arg. Adelaide Carraro -fot. Carlos Reichenbach – mont. João de Alencar - 29-10-84 - Cine Marabá.

A Flor do Desejo

prod. Star Filmes - dir. Guilherme de Almeida

Prado - arg. Roberto Gomes - fot. Antônio Meliande - mont. Jair Garcia Duarte - 12-10-84 - Cine Majestic.

Em Flor do Desejo, *com Mário Benvenutti e Tamara Taxman*

A Freira e a Tortura

1983- D. Ozualdo Candeias.

Gemidos e Sussurros

1987- Dir. Raffaele Rossi.

Filmografia
Curtas e Documentários

Belinha, A Virgem

1982, São Paulo - prd: Antônio Pólo Galante - dir, arg e rot: Antônio Meliande - rot: Carlos Reichenbach e Inácio Araújo - 3o episódio do longa *As Safadas* – participação especial

As Cariocas - Episódio 2

São Paulo - prd: Fernando de Barros - dir, arg e rot: Walter Hugo Khoury - arg: Stanislaw Ponte Preta (Sérgio Porto) - mtg: Máximo Barro, Maria Guadalupe e Sylvio Renoldi - 2º Episódio do longa *As Cariocas*

Cinema Paulista: Ovo De Codorna

1974, São Paulo - dir: Bernardo Vorobow - spv: Rudá de Andrade e João Batista de Andrade - Documentário curta-metragem – raro documentário com depoimento de Sérgio.

O Encontro

1974, São Paulo - prd: José Maria Prada - dir: Alfredo Sternheim - mtg: Máximo Barro - curta-metragem - 1º Episódio do longa *Aquelas Mulheres*

O Fazedor de Fitas Inacabadas

1992, São Paulo - prd: Marcos A. Possato - dir e rot: Tony de Souza - curta-metragem - Último filme de Sérgio

Feira Livre

1982, São Paulo - dir: Eliseu Lopes Filho - curta-metragem – locução

Fórmula de Gás

1961/62, São Paulo - dir e cri: Ary Fernandes - curta-metragem - Episódio da série *Vigilante Rodoviário* – Sérgio Hingst como vilão

O Furo

1976, São Paulo - dir e rot: José Miziara - curta-metragem - 4º Episódio do longa *Ninguém Segura Essas Mulheres*

Gatas no Cio

1983, São Paulo - dir: Alfredo Sternheim - média-metragem - 1º episódio do longa *Sacanagem*

Roy, o Gargalhador Profissional

1977, Rio de Janeiro - dir: Astolfo Araújo - média-metragem - 1º Episódio do longa *Ibrahim do Subúrbio*

Nossos agradecimentos a Antônio Leão da Silva Neto, pela colaboração na pesquisa de filmografia de curtas e média-metragens.

Créditos das fotografias

pág.49 - Acervo Adolfo Frioli
pág.113 - Fredi Kleeman
pág.161 - Marte Filmes Ltda.
pág.172 - H. B. Corell
pág.174 - Corona Film
pág.203 - Masson

pág.217 - Tobias
pág.219 - Cinedistri
pág.269 - Amaral
pág.295 - Oca Cinematográfica

Demais fotografias e documentos:
Acervo Família Hingst

fotolito, impressão e acabamento
imprensaoficial
Rua da Mooca, 1921 São Paulo SP
Fones: 6099-9800 - 0800 123401
www.imprensaoficial.com.br